100 PALAVRAS DO MARXISMO

Dados Internacionais de Catalogação na Publicação (CIP)
(Câmara Brasileira do Livro, SP, Brasil)

Löwy, Michael

    100 palavras do marxismo / Michael Löwy, Gérard Duménil, Emmanuel Renault ; tradução de Juliana Caetano da Cunha. — 1. ed. — São Paulo : Cortez, 2015.

Título original: Les 100 mots du marxisme.
ISBN 978-85-249-2347-0

    1. Filosofia marxista - Dicionários 2. Marx, Karl, 1818-1883 - Crítica e interpretação I. Duménil, Gérard. II. Renault, Emmanuel. III. Título.

15-02570   CDD-320.532203

Índices para catálogo sistemático:

1. Filosofia marxista : Ciência política : Dicionários   320.532203

Michael Lowy
Gérard Duménil
Emmanuel Renault

100 PALAVRAS DO MARXISMO

Tradução de
Juliana Caetano da Cunha

Título original: Les 100 mots du marxisme
Michael Löwy • Gérard Duménil • Emmanuel Renault

Capa: de Sign Arte Visual
Preparação de originais: Tiago José Risi Leme
Revisão: Marcia Nunes
Composição: Linea Editora Ltda.
Coordenação editorial: Danilo A. Q. Morales

Nenhuma parte desta obra pode ser reproduzida ou duplicada sem autorização expressa dos autores e do editor.

© 2009 by Presses Universitaires de France

Direitos para esta edição
CORTEZ EDITORA
Rua Monte Alegre, 1074 – Perdizes
05014-001 – São Paulo – SP
Tel.: (11) 3864-0111   Fax: (11) 3864-4290
E-mail: cortez@cortezeditora.com.br
www.cortezeditora.com.br

Impresso no Brasil – abril de 2015

Prefácio

Embora tenha rejeitado o termo em vida, o marxismo é, em princípio, o pensamento de Marx (1818-1883) — pensamento de riqueza especialmente extraordinária, em constante evolução e, finalmente, deixado inacabado.[1] Mas o que o marxismo deve a Marx é indissociável do que deve a Engels (1820-1895), coautor de obras célebres, como *A ideologia alemã* (1845-1846) e o *Manifesto do Partido Comunista* (1848), e editor póstumo dos volumes II e III de *O capital*. Após a morte de Marx e Engels, suas ideias foram desenvolvidas em direções muito diversas por pensadores e correntes políticas que reivindicavam sua herança — é o conjunto desses desenvolvimentos que hoje chamamos de "marxismo". A denominação está frequentemente sujeita à controvérsia: justifica-se considerar marxista esta ou aquela análise ou posição? É legítimo que este ou aquele se reivindique marxista?Não nos cabe decidir "quem é marxista" e quem não é! Nosso objetivo também não é sistematizar o vocabulário marxista, fornecer uma versão "politicamente"

---

[1]. Propomos uma introdução a esse pensamento em *Ler Marx* (Gérard Duménil, Michael Löwy, Emmanuel Renault. São Paulo: Unesp, 2011).

correta ou "cientificamente" exata dele, mas propor uma introdução de algumas das noções mais importantes do marxismo.[2]

Deixemos claro, portanto, que aqui não se tratará "do marxismo", mas, sobretudo, "dos marxismos" (de Lukács a Antonio Gramsci, de Henri Lefebvre a Theodor Adorno, de Walter Benjamin a Ernesto Che Guevara etc.). A origem da diversidade encontra-se principalmente na história do movimento operário e nas lutas anticapitalistas. Marx foi um dos dirigentes da I Internacional (fundada em 1864), e sua obra já constituía a referência central da II Internacional (fundada em 1889, por iniciativa de Engels, principalmente). A vitória da Revolução Bolchevique na Rússia (1917) inaugurou uma nova era. O movimento operário se dividiu novamente, enquanto cada um de seus componentes reivindicava Marx para si. Nascia assim o que iria se chamar "marxismo-leninismo", um conjunto de doutrinas em que o rigor marxista terminaria por se transformar em instrumento de opressão pela mão de ferro de Stalin. Queiramos ou não, e qualquer que tenha sido seu significado histórico, esse marxismo é também marxismo. Mas paralelamente se desenvolvia sua crítica, a dos opositores a esse regime, especialmente na figura de Trotsky. A revolução triunfou em seguida na China, em 1949, e a "querela sino-soviética" revelaria novas interpretações, abrindo novas perspectivas. Vieram então as reformas após a morte de Mao Tsé-Tung, em 1976, e em seguida as

---

2. Como toda seleção, a nossa comporta um tanto de subjetividade e arbitrariedade. Pode-se complementá-la e aprofundá-la pela leitura de dicionários enciclopédicos do marxismo. Ver particularmente: *Dictionnaire critique du marxisme* [Dicionário crítico do marxismo] (G. Labica et G. Bensussan [Eds.], Paris: PUF, 1985) e *Historisch-Kritisches Wörterbuch des Marxismus* [Dicionário histórico-crítico do marxismo] (W. Haug [Ed.], Hamburgo/Berlim: Argument Verlag, 1994).Os termos econômicos remetem geralmente a vastos conjuntos de trabalhos que efetivamente não manifestam consenso. São temas como o problema da "transformação", da "tendência à baixa da taxa de lucro", ou dos "esquemas de reprodução" etc. É difícil dar "uma" referência. A medida mais apropriada consiste em se reportar a dicionários econômicos enciclopédicos, como o *New Palgrave Dictionary of Economics* [Dicionário Novo Palgrave de Economia], disponível na internet.

ambiguidades das direções atuais. Nesse meio-tempo, a Revolução Cubana, diferentes experiências socialistas na África e o movimento terceiro-mundista acabaram por cindir o eurocentrismo do marxismo tradicional, suscitando profundas renovações.

A diversidade dos marxistas remete igualmente às múltiplas facetas do marxismo como teoria das sociedades. Filósofos, poliglotas, sociólogos, historiadores, economistas... Todos encontram nele matéria para alimentar as suas pesquisas. Para os intelectuais que reivindicam inspiração marxista, nesses diferentes domínios, a relação com os marxismos institucionalizados pelos regimes estabelecidos, em nome do marxismo, sempre foi difícil, envolvendo submissão, dúvida ou contestação, mas sem que se interrompesse o processo.

A maior parte dos artigos tenta dar conta da imbricação das questões políticas, econômicas e filosóficas nas noções consideradas, sempre mostrando como elas foram mobilizadas nos debates. Contudo, tendo em conta o caráter técnico de certos escritos de Marx e Engels, ocorre também que um artigo privilegie uma abordagem didática. As noções mais diretamente *filosóficas* foram tratadas por Emmanuel Renault; *econômicas*, por Gérard Duménil, e *políticas*, por Michael Löwy.

A herança dos marxismos e as diferentes formas do marxismo contemporâneo, com suas personalidades, livros e revistas, congressos e conferências, com suas escolas nacionais e discussões internacionais, são centrais aqui. Em diferentes graus e de diversas formas, essa herança inspira a maior parte das contestações radicais à ordem capitalista. Uma vez que a publicação deste livro coincide com a renovação do interesse pelo pensamento de Marx, no contexto da nova grave crise em que o capitalismo entrou em 2007, esperamos que estes artigos incitem os leitores a recorrer às grandes obras da tradição e às posições atuais do marxismo.

Abstração

A originalidade de Marx é ter empregado a noção de abstração não somente no domínio da teoria do conhecimento, que é seu domínio habitual de pertencimento, mas também no da teoria social, forjando o conceito de abstração real.

No domínio da teoria do conhecimento, atribui-se à noção de abstração um valor ora negativo, ora positivo. No contexto de sua crítica de Hegel, o jovem Marx frequentemente censura o trajeto especulativo que se limite a abstrações lógicas e que as faça *passar* pelo concreto. A crítica da abstração inscreve-se então no âmbito da crítica do pensamento alienado (ver Alienação). Mais tarde, na introdução dos *Grundrisse* [*Esboços da crítica da economia política*] (1857-1858), a abstração ganha uma função mais positiva. Marx enfatiza que o pensamento deve partir de abstrações para se apropriar do mundo e reproduzi-lo sob a forma de "concreto*[3] pensado". Mas agrega igualmente duas precisões: a) não se deve jamais esquecer que o ponto de partida real do pensamento é a intuição do mundo real, e não as categorias abstratas; b) as abstrações das quais deve partir a economia política são abstrações historicamente determinadas (ver Método).

---

3. O asterisco à direita de uma palavra no texto significa que o termo é objeto de entrada própria. Ele está posto após a palavra que convém consultar, de acordo com a ordem alfabética. Por exemplo, Modo* de produção; Composição* do capital.

Em *O capital*, a noção de abstração é investida em novos domínios: aqueles da teoria social e da crítica social. Destacando que o valor de troca (ver Mercadoria) abstrai as diferentes qualidades úteis das mercadorias, e sugerindo que isso é o resultado de um processo que visa a reduzir o trabalho humano concreto a trabalho abstrato (ver Trabalho), Marx esboça o tema de uma vida social sujeita a abstrações reais.

A dialética* do concreto e do abstrato encontrou numerosas extensões no seio do marxismo. A definição do concreto como totalidade de determinações funda a denúncia das análises "unilaterais" das situações históricas, sociais ou políticas. Um autor como o filósofo tcheco Karel Kosik interpretou a filosofia* de Marx na perspectiva de uma "dialética do concreto". A noção de abstração desempenhou papel importante tanto através da ideia de passagem do abstrato ao concreto pensado, em Louis Althusser, como através da ideia de abstração determinada, na escola de Galvano Della Volpe. A interpretação de *O capital* em termos de abstração real, por sua vez, desenvolveu-se principalmente no âmbito da Escola de Frankfurt.

Acumulação

Uma parte da mais-valia* pode ser reservada pelo capitalista e incorporada a seu capital*. Ela é acumulada. Esse capital retoma sua atividade numa escala maior, segundo o que Marx chama de "reprodução* ampliada".

No final do livro I de *O capital*, Marx dedica um longo estudo aos efeitos da acumulação sobre o emprego e o desemprego. O capital aumentado pela acumulação tende a expandir o emprego, mas numa medida que depende das variações da composição* do capital, ou seja, depende da proporção em que o novo capital se divide em capital constante e capital variável, sendo apenas este último fonte direta de emprego. Considerando apenas as máquinas do capital constante (para simplificar), pode-se incorporar o aumento da composição do capital à *mecanização* da produção. Os capitalistas substituem os trabalhadores por máquinas, e o capital pode então ser acumulado fazendo crescer proporcionalmente menos o emprego.

O aumento da composição do capital retarda o ponto em que uma acumulação sustentada conduziria o emprego aos limites da população disponível, criando uma tendência ao aumento do poder de compra do salário. Marx chama tal situação de pleno emprego: "sobreacumulação do capital" (ver Crise), em que há capital demais, em relação à população disponível para ser empregada. Essa situação pode ser evitada ou retardada graças ao aumento da composição do capital. Encontra-se criada e reproduzida uma massa de desempregados, o "exército industrial de reserva". Esse mecanismo coloca nas mãos da classe capitalista um instrumento que lhe assegura o controle do salário, a limitação de seu aumento e também de sua redução. Esta última propriedade remete à "pauperização" (absoluta ou relativa). Entretanto, ficaram bastante imprecisas as formulações de Marx sobre o tema da evolução, a longo prazo, do poder de compra dos trabalhadores (ver Salário).

Nessa análise, Marx refuta as teses da economia dominante de seu tempo, no que se refere ao que era chamado de "lei da população". Apesar de suas argumentações diferirem sensivelmente, economistas como Thomas Malthus e David Ricardo responsabilizavam a classe operária pelo desemprego e pela miséria dos trabalhadores, pois seu ritmo de reprodução estaria, ou poderia se tornar em certas fases, excessivo em relação às capacidades de acumulação. Em sua "lei da acumulação capitalista", Marx mostra a existência do processo mencionado antes, imputando aos capitalistas a responsabilidade sobre a disponibilidade do trabalho.

Esses mecanismos mantêm relações importantes com duas análises presentes no livro III de *O capital*: os estudos do ciclo industrial (do qual as crises são uma fase) e da tendência à baixa da taxa de lucro (ver Tendência). Tendo Marx publicado em vida apenas o livro I, entendemos que tal relação entre as coisas não foi realizada com cuidado. No que concerne à crise, Marx mostra bastante bem, no livro I, que as fases de aceleração conduzem ao choque do emprego com os limites da população disponível; o exército industrial de reserva se recompõe durante a crise; e a correção, por meio do aumento da composição orgânica, ocorre na nova fase de acumulação pós-crise. Por outro lado, o efeito do aumento da composição do capital sobre a taxa de lucro não é considerado no livro I.

O livro I de *O capital* termina no estudo da fase da "acumulação primitiva" (ou assim chamada) do capital. Marx mostra como a acumulação do capital na Inglaterra foi originalmente permitida pela expropriação de camponeses proprietários, a venda de terras "comuns", cujo uso (coleta de madeira, pesca...) permitia a sobrevivência da população, e a colocação de cercas (*cercamentos*). Essa agressiva violência social reduziu largas frações da população à miséria e à condição de proletários*, isto é, indivíduos que não dispõem de outra opção senão a venda de sua força de trabalho (ver Mais-valia).

Alienação

O conceito de alienação (*Entfremdung* ou *Entäusserung*, em alemão) faz parte daqueles que devem ao marxismo sua celebridade filosófica. Marx foi o primeiro a dar um papel verdadeiramente central a esse conceito, que raramente aparece sob a pena de Hegel e Ludwig Feuerbach (que são normalmente considerados seus inventores, entretanto). Em Marx, a noção de alienação designa: a) uma *separação* (separação entre o homem e sua natureza, separação entre o trabalhador e os seus produtos); b) uma *inversão* (inversão das relações entre o homem e Deus, da vida social e da vida política, da atividade humana e das relações econômicas); e c) uma *opressão* do sujeito pelo objeto (submissão dos homens às representações religiosas, dominação da vida social pelo Estado, opressão dos trabalhadores pelo capital). Esses diferentes elementos remetem a diferentes fontes. De Feuerbach, Marx retira a concepção de alienação religiosa como desapropriação de seu próprio "ser* genérico", tornando-se homem estranho a si mesmo. De Bruno Bauer, retira a concepção de alienação religiosa como opressão do homem por seu próprio produto (Deus). De Moses Hess, retira a concepção de alienação no dinheiro, como inversão da relação entre meio e fim.

O conceito de alienação foi empregado por Marx, sobretudo, no período de juventude. Na *Crítica da filosofia do direito de Hegel* (1843), nos *Anais Franco-Alemães* (primavera de 1844) e nos *Manuscritos econômico-filosóficos de 1844*, ele se permite desenvolver e articular, umas às outras, as diferentes críticas*: crítica da filosofia*, crítica da religião*, crítica da política* e crítica do trabalho*. Marx interpreta a religião como uma maneira de os homens tomarem consciência de suas perfeições coletivas, desapropriando-se delas e impondo-se uma submissão desumana. Considera ainda que as ilusões religiosas se reproduzem no pensamento filosófico especulativo, que constitui ele também uma forma de pensamento alienado. Marx interpreta igualmente a emancipação* política, originada pela Revolução Francesa, como uma forma de alienação política, na medida em que pretende afirmar a liberdade dos homens apenas sob a forma da cidadania, ou seja, sob a forma de uma participação num Estado que continua apartado da vida social real e que segue dominando-a de fora. A originalidade principal de

Marx consiste em sustentar que a raiz das alienações religiosa, filosófica e política deve ser buscada na alienação social. É esta última que Marx descreve utilizando o conceito de trabalho alienado, conceito que designa as relações apartadas, invertidas e antagônicas que colocam o trabalhador de um lado, e o produto de sua atividade, sua atividade ela mesma, a natureza exterior, os outros homens e, finalmente, sua própria natureza, de outro.

No marxismo, a atitude mais frequente foi entender os diferentes elementos do pensamento de Marx (incluindo *O capital*) como crítica da alienação no contexto de um projeto de reapropriação coletiva da vida social. Mas alguns autores, como Louis Althusser, buscaram mostrar que a ideia de alienação está ligada a um *humanismo**, apontado a partir de *A ideologia alemã* (1846), e que ela já não desempenha função decisiva no Marx da maturidade.

Anticapitalismo

O anticapitalismo não começa com Marx. Não faltaram críticos ao poder do capital, especialmente entre os românticos. Marx inspirou-se amplamente neles, mas deu a essa crítica um caráter muito mais sistemático.

A indignação moral contra as infâmias do capitalismo eclode em todas as páginas de *O capital*. Concerne não somente ao período da acumulação* primitiva do capital e aos séculos da brutal conquista e colonização dos países periféricos — que se caracteriza por crimes e massacres sem precedentes —, mas ao funcionamento moderno "ordinário" do sistema.

O anticapitalismo de Marx se organiza em torno de cinco temas fundamentais: a injustiça da exploração (ver Mais-valia), a perda da liberdade pela alienação*, a quantificação venal, a irracionalidade e a barbárie moderna. Todas essas críticas estão ligadas: uma faz eco à outra, pressupõem-se reciprocamente, articulam-se numa *visão anticapitalista de conjunto*, que é um dos traços característicos da reflexão de Marx como pensador comunista*. Sua crítica se coloca do ponto de vista das classes* exploradas pelo capital, mas de efeito humanista* universal, na medida em que refuta um sistema que reduz todos os valores unicamente ao valor de troca, e todas as formas de vida a mercadorias*.

Certamente, Marx não ignorava que o capitalismo trouxe progresso* histórico, especialmente pelo desenvolvimento exponencial das forças produtivas (ver Modo de produção), criando-se assim as condições materiais para uma nova sociedade, livre e solidária. Mas, ao mesmo tempo, ele o considerava uma força de *regressão social*, na medida em que "faz de cada progresso econômico uma calamidade pública" (*O capital*).

No início do século XXI, o anticapitalismo — no marxismo, mas também em outras formas de pensamento crítico — é denominador comum e símbolo de aglutinação no seio da esquerda radical, especialmente na França e na Europa.

Apropriação

Em Marx, a ideia de apropriação está inicialmente ligada à filosofia da alienação*: apropriação significa então superação. Mas em *O capital*, a apropriação designará a expropriação dos expropriadores.

Como explica a entrada "alienação", o conceito de alienação, conforme formulado nos *Manuscritos econômico-filosóficos de 1844*, designa a desapropriação de si, que responde a determinado tipo de relação entre a atividade humana e suas condições objetivas.

Marx considera de fato que os homens só podem desenvolver suas forças essenciais se encontrarem no mundo exterior os meios de satisfazer seus interesses fundamentais. Ocorre que os homens estão sempre engajados numa atividade de apropriação do mundo exterior, especialmente pelo trabalho*. Por outro lado, se o mundo exterior deixa de aparecer para eles como uma espécie de continuidade natural de sua própria natureza*, os homens encontram-se desapropriados dela.

Resulta que a contrapartida da crítica da alienação é o projeto de reapropriação de sua própria natureza e de todas as condições que permitam o desenvolvimento de seus aspectos essenciais. É precisamente como superação do conjunto das alienações, como reapropriação do "ser* genérico" e de suas condições objetivas, que os *Manuscritos econômico-filosóficos de 1844* definiriam o comunismo*. Todo o esforço de Marx consiste, portanto, em mostrar que o comunismo exige a negação da propriedade privada, não só para assegurar o compartilhamento mais justo das riquezas, mas porque ela é a origem das diferentes formas de alienação: o projeto comunista é o da reapropriação coletiva do conjunto das dimensões da existência humana.

Em sua maturidade (depois de 1845), Marx deixa de definir o comunismo pelo duo alienação/reapropriação, mas a ideia de apropriação continua desempenhando função decisiva. No capítulo final de *O capital*, a tendência histórica da produção capitalista é apresentada como um movimento de expropriação de um número cada vez maior de indivíduos da propriedade individual, de modo que só resta expropriar os expropriadores para se reapropriar coletivamente dos meios de produção e troca. Reapropriação das riquezas, mas também das instituições e das diferentes modalidades da vida coletiva: o que até hoje continua sendo uma palavra de ordem para muito além do marxismo.

Autoemancipação

Resumindo numa frase sua concepção de luta política, Marx escreve, no Preâmbulo dos Estatutos da I Internacional (1864): "A emancipação dos trabalhadores será obra dos próprios trabalhadores".

A ideia da autoemancipação proletária já havia aparecido em alguns escritos de Flora Tristan e na esquerda do movimento cartista na Inglaterra. Mas é nos escritos de Marx e Engels que encontra sua formulação mais convincente, especialmente a partir de *A ideologia alemã* (1846), em que aparece como a tradução política da *filosofia* da práxis* (ver Prática). Para Marx e Engels, é somente através de sua própria *práxis* revolucionária (ver Prática), pela experiência na ação, pela aprendizagem prática, pela autoeducação no combate, que a classe *subversiva* (*stürzende*), isto é, o proletariado*, pode não apenas derrubar o poder das classes dominantes, mas também transformar a si mesma, livrar-se do amontoado de quinquilharias que pesa sobre as consciências, para se tornar uma coletividade de "seres humanos novos", capaz de fundar uma sociedade sem classes* e sem dominação. Em outras palavras: a revolução não pode tomar outra forma senão a da autoemancipação das classes oprimidas.

É nesse espírito que Marx e Engels definem o movimento proletário, no *Manifesto do Partido Comunista* (1848), como "o movimento autônomo da imensa maioria no interesse da imensa maioria".

A ideia principal, profundamente democrática, da autoemancipação revolucionária dos oprimidos foi abandonada no meio do caminho pelas duas principais correntes do movimento operário do século XX, a social-democracia e o comunismo de matriz stalinista; alimentou, entretanto, correntes heréticas ou dissidentes, desde Rosa Luxemburgo aos zapatistas de Chiapas, passando por Ernest Mandel ou pelo grupo "Socialismo ou Barbárie".

Autogestão

No livro III de *O capital*, Marx define o socialismo (ver Comunismo) como sociedade na qual "os produtores associados regulam racionalmente seu metabolismo com a natureza". A autogestão é, portanto, um aspecto essencial do socialismo: são os produtores, os trabalhadores, os indivíduos associados que geram eles mesmos sua atividade econômica, social e política. Mas o conceito se aplica também a lutas no âmbito da sociedade capitalista: a autogestão de greves e lutas sociais, o controle operário de usinas, a apropriação de empresas por seus trabalhadores, que garantem o funcionamento delas.

Os movimentos pela autogestão não se inspiram apenas em Marx, mas também em ideias libertárias (Pierre-Joseph Proudhon) e no sindicalismo revolucionário. A experiência iugoslava de autogestão pós-1948 durou várias décadas; permitiu aos trabalhadores controlar a gestão de empresas. Suas limitações foram imputadas ao caráter pouco democrático do poder político e à influência do mercado sobre as operações econômicas.

Na França, uma corrente autogestionária importante constituiu-se ao longo dos anos de 1960, na central sindical CFDT [Confederação Francesa Democrática do Trabalho] e no Partido Socialista Unificado; nos anos de 1970, acaba por se dissolver na "Deuxième Gauche" [Segunda Esquerda] do Partido Socialista. A revista *Autogestion* [*Autogestão*], fundada em 1966, com a participação de autores como Yvon Bourdet, Daniel Guérin, Henri Desroche e Henri Lefebvre, permitiu uma reflexão sistemática sobre o conceito e as diversas experiências que o envolviam. Experiências de empresas controladas por seus trabalhadores ocorreram na Argélia, nos anos 1961-1965, estimuladas, entre outros, pelo dirigente marxista grego Michel Raptis (de pseudônimo Pablo); no Chile, durante os anos da Unidade Popular e de Salvador Allende (1970-1973);

na França, durante os anos 1970 (Usina Lipp); e, mais recentemente — no início dos anos 2000 —, na Argentina.

Barbárie

Se, no *Manifesto do Partido Comunista* (1848), Marx e Engels ainda colocam em oposição as "nações bárbaras" às "nações civilizadas", também é verdade que se encontra em seus escritos uma abordagem mais apropriada. Considerando algumas das manifestações mais sinistras do capitalismo, como as leis sobre os pobres, Marx escreve em 1847: "A barbárie reapareceu, mas desta vez é engendrada no próprio seio da civilização e é parte integrante dela".

No capítulo sobre acumulação* primitiva de *O capital*, as práticas dos colonizadores ocidentais são caracterizadas como "bárbaras". Marx retoma o discurso de um autor cristão, o reverendo William Howitt, segundo o qual "as barbáries e as atrocidades execráveis perpetradas pelas raças que se dizem cristãs [...] não têm paralelo em nenhuma outra era da história universal, em nenhuma raça, por mais selvagem, rude, impiedosa que fosse". Essa observação define então uma espécie de barbárie moderna, própria das civilizações capitalistas.

É nessa que Rosa Luxemburgo está pensando quando formula, em *A crise da social-democracia* (1915), a célebre palavra de ordem "socialismo ou barbárie". A guerra mundial é, a seus olhos, uma ilustração impressionante dessa barbárie que manifesta as potencialidades destrutivas e desumanas das sociedades capitalistas avançadas. Com essa palavra de ordem — que, diferentemente do que a autora dá a entender, não vem de Marx ou Engels, mas aparece pela primeira vez nessa brochura —, Rosa Luxemburgo dissocia-se da visão determinista tradicional que projeta o socialismo como resultado inevitável das contradições do capitalismo. O socialismo aparece agora como uma das possibilidades históricas, que se encontra numa espécie de bifurcação, onde o outro caminho é a barbárie.

Depois disso, uma corrente marxista dissidente na França, organizada em torno de Cornelius Castoriadis e Claude Lefort, vai se definir, nos anos de 1950, pela expressão *Socialismo ou Barbárie*.

Base, estrutura, superestrutura

No prefácio da *Contribuição à crítica da economia política* (1859), encontra-se esta famosa formulação: "O conjunto das relações de produção constitui a estrutura (*Bau*) econômica da sociedade, a base (*Basis*) real sobre a qual se levanta uma superestrutura (*Überbau*) jurídica e política, à qual correspondem formas determinadas da consciência social". Certas correntes do marxismo, ditas "economicistas", deram uma interpretação mecanicista a essa formulação, argumentando que toda formação social (ver Modo de produção) era imediatamente determinada por sua infraestrutura econômica, e que as representações em vigor eram apenas o reflexo* dessa infraestrutura.

Mas, em Marx, a relação entre a base econômica e o restante da vida social não é nem mecânica, nem direta. A essência da concepção materialista* da história é certamente explicar a construção de instituições e representações a partir dos fatores econômicos. Mas Marx insiste igualmente sobre a importância das dinâmicas específicas da luta* de classe, ressaltando a ação recíproca entre os diferentes elementos de uma mesma formação social. Nesse sentido, Engels falará da autonomia relativa das superestruturas, e dirá, quanto às condições econômicas, que estas são determinantes somente em "última* instância".

Por outro lado, Marx destacou diversas vezes que as formações ideológicas (que ele não incluía entre os elementos da superestrutura, mas nas formas de "consciência" que lhes "correspondem"; ver Ideologia), as instituições jurídico-políticas e as instituições sociais não são condicionadas da mesma maneira em todos os períodos históricos. É nesse sentido que Louis Althusser falará da relação das diferentes instâncias de uma formação social como sendo um "todo-complexo-estruturado com dominante", e buscará descrever suas relações com as condições econômicas por meio do conceito de sobredeterminação*.

Bonapartismo

O conceito de *bonapartismo* aparece em Marx em *O 18 de brumário de Luís Bonaparte* (1852), como tentativa de dar conta da natureza enigmática do poder exercido pelo sobrinho de Napoleão Bonaparte, depois de um golpe de Estado sancionado pelo sufrágio universal — mas antes de sua coroação sob o pomposo título de "Napoleão III". Trata-se de uma forma de poder pessoal autoritário, apoiado no exército e na burocracia, que parece se autonomizar inteiramente em relação à sociedade civil: "O Estado parece ter se tornado completamente independente". O chefe bonapartista considera-se um árbitro acima das classes* sociais, mas serve, em última análise, à manutenção da *ordem burguesa* — assegurando ao mesmo tempo, pela demagogia, o apoio ao campesinato e a algumas camadas populares urbanas. A burguesia*, incapaz de exercer sua dominação, delega o poder político ao líder bonapartista, que defende, em última análise, seus interesses fundamentais.

Mais tarde, Marx e Engels vão estender o conceito de bonapartismo a outras figuras históricas, como a de Bismarck, na

Alemanha. Antonio Gramsci, nos *Cadernos do cárcere*, redigidos de 1926 a 1937, usa um termo análogo, *cesarismo*, para designar esse tipo de "poder de arbitragem", do qual ele caracteriza uma forma relativamente "progressiva" (Napoleão I) e uma forma "regressiva" (Napoleão III). Nos anos de 1930, Trotsky (ver Trotskismo) fala em bonapartismo, ou semibonapartismo, na tentativa de dar conta de alguns regimes populares na América Latina, como no México, por exemplo. Enfim, para o cientista político Nicos Poulantzas, o que Marx designa como "bonapartismo" não é senão uma variante do fenômeno mais geral da autonomia do Estado* burguês em relação às classes dominantes.

Burguesia

Está claro que não foram Marx e Engels que inventaram o termo "burguesia", de uso corrente desde séculos, antes para designar a classe urbana abastada. Mas eles deram à palavra um sentido bem mais preciso, designando a classe dos proprietários dos meios de produção (ver Capital) e de trocas na indústria, no comércio e nas finanças. O conceito ocupa lugar essencial nos escritos políticos dos anos 1847-1853, sendo progressivamente substituído, nos escritos econômicos, pelo de "capitalista".

Nas conhecidas páginas do *Manifesto do Partido Comunista* (1848), Marx e Engels rendem extraordinária homenagem à burguesia, como sendo a classe que revolucionou a produção e a sociedade. Tal homenagem vem acompanhada, evidentemente, de uma virulenta denúncia da burguesia como classe de opressores e exploradores brutais, que, além disso, "reduz a dignidade pessoal ao valor de troca" e não deixou subsistir outro laço entre os seres humanos senão o do "interesse nu e cru, o frio 'dinheiro vivo'".

A evolução política da burguesia, cada vez mais favorável ao "partido da ordem", e sua divisão entre diferentes facções econômicas — burguesia industrial, burguesia financeira —, ou políticas — burguesia orleanista, republicana ou bonapartista —, ocupam lugar importante nos escritos de Marx sobre as lutas de classes na França ou na Alemanha no decurso da revolução de 1848-1850.

A eventual aliança com certas frações da burguesia foi objeto de intensos debates entre os marxistas no século XX, tanto na Europa — especialmente em torno da Frente Popular [França] —, como nos países do Sul, a respeito da dita "burguesia nacional". A questão da aliança das classes populares com frações das classes dominantes pode ser colocada também quanto ao pessoal assalariado dos cargos de direção e supervisão (ver Classes), suscetíveis a passar de determinada aliança à esquerda, como nas primeiras décadas posteriores à Segunda Guerra Mundial, a uma aliança à direita, com as classes capitalistas, como no neoliberalismo.

Campesinato

A atitude de Marx em relação ao campesinato em *O 18 de brumário de Luís Bonaparte* (1852) é um pouco contraditória; de um lado, sustenta que a massa de pequenos camponeses — "simples adição de grandezas homônimas" — é incapaz de formar uma organização política e defender seus interesses de classe; em 1848--1850, esse campesinato apoiará Luís Bonaparte. A dinastia dos Bonaparte representa, então, "não o progresso, mas a fé supersticiosa do camponês, não o porvir, mas o passado". Por outro lado, Marx afirma a sua esperança no futuro papel revolucionário desse mesmo campesinato, condição indispensável para que "a revolução* proletária* realize [com o campesinato] o coro sem o qual, em todas as nações campesinas, seu canto solo torna-se um lamento fúnebre".

Nos últimos anos de vida, Marx vai dar atenção às tradições comunitárias dos camponeses na Rússia. Numa carta à revolucionária russa Vera Zassoulitch (1881) e no prefácio de 1882 à tradução russa do *Manifesto do Partido Comunista* (1848), ele evoca a possibilidade de que a propriedade comunitária camponesa pudesse servir como ponto de partida à evolução comunista na Rússia.

Os marxistas russos não levarão em conta essa posição marxiana, mas Lênin insistirá, em seus escritos estratégicos, na necessária aliança entre o proletariado e o campesinato na Revolução Anticzarista; segundo ele, o Partido Operário deve dar suporte ao campesinato, em seu combate contra os grandes proprietários fundiários, mas, ao mesmo tempo, organizar os proletários rurais na luta contra a burguesia rural. Mao Tsé-Tung e Ho Chi Minh, isto é, os comunistas chineses e vietnamitas, farão do campesinato a principal base de massas das guerras de libertação nacional e social em seus países. Nos anos de 1960, Che Guevara e Franz Fanon, resguardadas as suas diferenças, destacarão o papel revolucionário dos camponeses nos países do Terceiro Mundo.

Capital

A grande obra econômica de Marx intitula-se *O capital*, do qual publicou apenas o primeiro livro, em 1867. Os livros II e III foram publicados por Engels, depois da morte de Marx.

Como o tema da obra é a análise do modo* de produção capitalista, não surpreende constatar que o conceito central de *O capital* seja, precisamente, o de capital. De fato, a estrutura da obra se

100 PALAVRAS DO MARXISMO

organiza em torno da análise do capital. Na seção 2 do livro I, Marx define o capital como *o valor envolvido num movimento de autocrescimento*. Compreende-se então que o estudo do capital pressupõe o do valor. O valor é um conceito elementar da teoria da mercadoria*.

Se nos ativermos à noção de valor sem a interrogação sobre seu conteúdo preciso, pensaremos que Marx definiu o capital como uma soma de valor, o que corresponde ao uso corrente do termo na análise econômica (nas práticas contábeis). Correríamos o risco de afirmar que: "Um capital é uma soma de dinheiro". Isso não seria rigorosamente correto. Um capital é uma soma de valor, mas não, de maneira geral, uma soma de dinheiro, nem uma máquina, nem um conjunto de mercadorias.

Marx escreve, muito rigorosamente, e condizendo com a prática dos negócios, que o capital é o valor em *movimento*, ou seja, passando de uma forma a outra. Um átomo de capital pode estar constituído, em dado momento, na forma de dinheiro, mas a empresa faz uso dele para comprar, por exemplo, matéria-prima. O valor se metamorfoseia, assim, no mercado, de dinheiro a mercadoria. Muda de forma. Uma vez que o valor está na empresa, perde sua forma de mercadoria, pois o valor de uso não está mais à venda. Ele entra na oficina e é o objeto sobre o qual o trabalho do produtor é exercido. É na oficina que se encontram os meios de produção (prédios e instalações, máquinas, matérias-primas, força de trabalho). O átomo de valor misturou-se então a outros no corpo do produto (outros átomos similares, provenientes de matérias-primas, de fontes de energia, desgaste de máquinas, valor da força de trabalho do trabalhador... Ver Mais-valia). Esse átomo retoma a forma de mercadoria quando esta é apresentada ao mercado, e o capital retoma finalmente a forma de dinheiro. Este pode ser engajado num novo circuito desse tipo, um circuito de mudança das formas. Trata-se da *circulação* do *capital*, o primeiro aspecto da teoria do capital.

Mas o capital não é somente o valor que muda de forma, é também um valor que se torna maior no desenrolar desse movimento, ou pelo menos esse é o objetivo do capitalismo. Trata-se aqui do segundo aspecto da teoria do capital, a *valorização do capital*. Como é que o valor pode crescer passando de uma forma a outra, não fortuitamente, mas como um processo geral, típico da produção capitalista? Esse é o objeto da teoria da mais-valia*.

Capital bancário, capital financeiro

Marx reuniu suas análises do *capital do comércio de dinheiro* (ver Capital industrial) e do *capital de empréstimo* (ver Juros) na sua teoria do capital bancário. As tarefas de guarda de bens e de transações monetárias se concentram nas mãos dos banqueiros, que as executam em nome dos capitalistas e de todos os investidores. Mas o sistema bancário tem também a função de concentrar fundos disponíveis, que podem ser utilizados como capital de empréstimo. Esses fundos provêm da guarda de dinheiro "livre" do circuito do capital, ou seja, que se encontra temporariamente em sua forma dinheiro (ver Circulação do capital), depositado nos bancos pelas empresas. Esse dinheiro junta-se a poupanças de todas as origens, igualmente depositadas temporariamente, assim como os fundos dos capitalistas de dinheiro utilizam os bancos para intermediar os seus investimentos.

Assim, de maneira crescente, os bancos emprestam, em lugar de outros agentes. Marx escreve que eles se tornam "administrantes" do capital de empréstimo. Dessa maneira, vemos desenhar-se uma economia capitalista feita de sociedades por ações, financiadas pelos bancos.

Encontra-se incidentalmente o termo "capitalista financeiro" no livro III de *O capital* para traduzir "capitalista de dinheiro", isto é, o proprietário do capital portador de juros, aquele que empresta à empresa, ou compra as ações de uma sociedade sem participar da gestão. Esse uso contribui para a confusão da terminologia.

O termo "capital financeiro" difundiu-se no marxismo após a publicação, em 1910, da obra de Rudolf Hilferding, *O capital financeiro*. Em Hilferding, a expressão designa uma estrutura institucional do capitalismo que se firmou na transição entre os séculos XIX e XX, caracterizada pela fusão dos grandes proprietários (magnatas) do capital engajados nos setores financeiro e não financeiro. Essa análise dá continuidade à de Marx; de certa maneira, ela a "moderniza", visto que Marx descreve o setor bancário como *administrador* do capital de empréstimo.

Capital fictício

Para Marx, o capital é valor em movimento, o movimento que consiste em o capital passar de uma forma a outra, tendo por objetivo o seu crescimento (ver Capital). Tudo o que remete ao capital, mas não corresponde a essa definição, é declarado "capital fictício". Portanto, todo o capital de empréstimo (ver Juros) faz parte do capital fictício.

Há dois principais tipos de "fictício". Primeiramente, todos os títulos emitidos pelo Estado com vistas a financiar seus déficits representam capital fictício. O Estado não investe os recursos captados por empréstimo numa atividade capitalista corporativa (abstraindo aqui a nacionalização de empresas industriais). Esse dinheiro é gasto em salários*, compra de suprimentos, construções, infraestrutura, mas não está sujeito ao circuito do capital posto em movimento. Esses créditos estão relacionados a seus autores de juros, que são frações do imposto recolhido pelo Estado (ou de novos empréstimos). Os empréstimos contraídos pelas empresas ou as ações que elas emitem são igualmente classificadas por Marx na rubrica de "capital fictício", ainda que os fundos sejam investidos em capital, no sentido pleno do termo. Marx insiste no fato de que o capital não se divide em dois, ficando para um lado o capital no circuito do capital, e para outro os créditos injetados nesse capital. Essa ideia é reforçada pelo fato de os títulos, assim como as ações, especialmente, serem dotados de vida própria nos mercados, como a bolsa, onde são negociáveis a preços que refletem cálculos, antecipações de ganhos futuros, e estão sujeitos a movimentos especulativos...

Esse capital fictício cumpre um papel fácil de imaginar nas crises financeiras, particularmente quando seus titulares pretendem, simultaneamente, em situações de pânico, recuperar seu dinheiro — o que é globalmente impossível.

Capital industrial e comercial

O estudo da circulação* do capital, no livro II de *O capital*, leva Marx à indicação do circuito do capital, que perpassa suas diferentes formas*. A equação desse circuito é a seguinte, onde D significa dinheiro; M, mercadoria, e P, capital produtivo:

$$D - M \dots P \dots M - D.$$

Somente uma categoria particular do capital, o *capital industrial*, percorre tal circuito, incluindo a forma de capital produtivo, P. Por "categoria particular" entenda-se um setor da economia, um conjunto de empresas. Essas empresas têm em comum o fato de serem locais de produção de bens ou de serviços. Elas compram a força de trabalho de trabalhadores produtivos (ver Trabalho). Portanto, são os únicos lugares de criação de mais-valia*.

Essa regra tem uma exceção, a de uma categoria primitiva do capital, a do capital do comércio de mercadorias, também chamado "capital mercantil". Em tais empresas, não há produção no sentido estrito; logo, não há produção de valor (ver Mercadoria). A forma P desaparece do circuito:

$$D - M - D.$$

As mercadorias são compradas para a revenda: o preço delas muda, visto que são revendidas mais caras do que foram compradas, mas não seu valor. Os salários* são pagos, entre outras despesas de circulação*, mas trata-se da remuneração de trabalhadores improdutivos. Como tal capital não cria mais-valia, o lucro que realiza e a remuneração dos trabalhadores improdutivos são formas de uma fração da mais-valia do conjunto da economia, proveniente do capital industrial; como lucro, uma fração proporcional a seu montante volta a esse capital, segundo o mecanismo de uniformização da taxa de lucro (ver Concorrência).

Existe uma segunda variante do capital comercial, chamada "capital do comércio de dinheiro". Todas as operações consideradas se desenrolam no interior da forma dinheiro do capital, D. Trata-se da atividade em contas bancárias, das operações de recebimento e pagamento em plano nacional e internacional (portanto, das operações de câmbio). Os bancos são especializados nessas operações. O comércio de dinheiro é, assim, uma das funções do capital bancário, mas existe uma segunda, conforme se viu na entrada "Capital bancário". Como no caso do comércio de mercadorias, o capital empenhado no comércio de dinheiro é remunerado por um lucro, forma de uma mais-valia apreendida pelo capital industrial.

Ciência

Em Marx, a ciência se destaca, de um lado, por sua superioridade em relação à filosofia*, e também por seus efeitos críticos (ver Crítica) e desmistificadores. As ciências, procedendo à reconstrução racional da empiria, têm a função de capturar a natureza das coisas: "Toda ciência seria supérflua se a aparência e a essência das coisas se confundissem" (*O capital*). O percurso científico de *O capital* tem a função de dissolver as ilusões fetichistas (ver Fetichismo da mercadoria) e os obstáculos ideológicos (ver Ideologia) que impregnam a economia* clássica, e que também entravam as lutas revolucionárias.

Mesmo que, no prefácio de *O capital*, cite a física, a química e a biologia como exemplos, e mesmo que seja um entusiasta das descobertas de Darwin, Marx se opôs a todos os reducionismos científicos, seja matematizações da economia (carta de 6 de março de 1880), seja tentativas no sentido de dar aplicação universal à teoria darwiniana (carta de 27 de junho de 1870).

Marx também faz observações relativas à história das ciências. Nos *Grundrisse* [*Esboços da crítica da economia política*] (1857-1858), aponta como o desenvolvimento das ciências da natureza se explica por estas terem sido colocadas a serviço do capitalismo, e por que a revolução* comunista* deveria ser acompanhada da reapropriação (ver Apropriação) dessas formas de inteligência coletiva alienadas.

A questão da natureza das ciências foi objeto de dois grandes conflitos no marxismo. Seria o caso de interpretar as ciências modernas como um progresso* da racionalidade, ou como formas reificadas de inteligência (Georg Lukács)? Seria preciso defender a universalidade da ciência, ou, ao contrário, defender uma ciência proletária (Lysenkoismo)? O que está em jogo nessas duas questões é o valor epistemológico e a função política da ciência.

Circulação do capital

O capital é definido por Marx como valor (ver Mercadoria) engajado num movimento ao longo do qual ele cresce (ver Capital). O estudo dos mecanismos que conduzem ao crescimento do capital, à sua valorização, é o objeto do livro I de *O capital*. O estudo do movimento do capital, sua circulação, é objeto do livro II. O *movimento* do valor que se torna capital é o das suas mudanças de forma*. O capital pode, assim, existir sob três formas: o dinheiro*, a mercadoria* e o "capital produtivo", isto é, os elementos necessários à produção, na oficina. Essas três formas são identificadas por D, M e P. Marx descreve a passagem do capital por essas três diferentes formas como um circuito, cuja repetição é chamada de "rotação".

Essa estrutura analítica, um pouco desconcertante à primeira vista, é de fato intuitiva. Não podemos definir um capital como uma soma de dinheiro, um conjunto de mercadorias, ou de máquinas e outros insumos da oficina. Cada pequena parcela, um átomo, de um capital passa de uma forma a outra e se conserva no decorrer dessas mutações. Por exemplo, pode-se capturar um átomo de capital sob a forma de dinheiro; vê-lo metamorfosear-se em mercadoria no mercado, quando a empresa compra uma matéria-prima; entrar na oficina para ser trabalhado; ser apresentado ao mercado no corpo da mercadoria, estando aí agregado de vários semelhantes seus; e reencontrar sua forma de dinheiro, quando a mercadoria é vendida. Marx representa simbolicamente esse circuito (às vezes chamado de "ciclo"):

$$D - M \ldots P \ldots M - D.$$

Na descrição de tal circuito, pode-se começar por qualquer uma das formas D, M ou P. Marx, entretanto, faz referência a essas equações ou fórmulas do circuito como "circuito do capital-dinheiro", do "capital mercadoria" ou do "capital produtivo", a depender de por onde comece.

A representação da fórmula anterior ignora o fato de que o capital é um valor que cresce. A teoria da mais-valia* associa esse crescimento à produção, de modo que seu lugar é na forma P. Marx marca o aumento pelo sinal " ' ":

$$D - M \ldots P \ldots M' - D'.$$

Como cada átomo de capital só pode existir sob essas três formas, o total de um capital se reparte, em dado momento, entre essas três formas. Uma fração de capital se encontra sob a forma de dinheiro, outra sob a forma de mercadorias à venda, e uma terceira na oficina, sob a forma de capital produtivo. As proporções dessa repartição variam constantemente no decorrer das mudanças de forma dos diferentes átomos, que de forma alguma são sincrônicas. A "justaposição" dessas formas descreve o balanço de uma empresa (abstraídos os mecanismos financeiros que complicam a forma D).

Somente um tipo de capital percorre o circuito integralmente, segundo a fórmula acima: o capital industrial (ver Capital industrial e comercial).

Classes e rendimentos

No final do livro III de O capital, Marx estabelece uma correspondência entre as vias de formação de rendimentos e as classes no capitalismo. Ao salário*, como preço de compra da força de trabalho dos trabalhadores produtivos, corresponde a classe operária. Ao lucro*, pode-se associar a classe capitalista, como proprietária dos meios de produção. E à renda* fundiária, finalmente, liga-se a *classe dos proprietários de terras*. Trata-se do que Marx chama de "fórmula trinitária".

Essa correspondência, conforme apreendida pelos economistas burgueses, é duvidosa. Marx transforma em escárnio especialmente a associação entre o lucro e o capital, pois a teoria dominante não vê no lucro e na renda formas* de mais-valia*. As relações sociais são, desse modo, reificadas (ver Reificação): o capital dá lucro tão naturalmente quanto "a árvore dá frutos".

Classes sociais

Evidentemente, não foi Marx quem criou o conceito de classes sociais: ele é usado pelos economistas clássicos, os historiadores e os socialistas utópicos. Marx tampouco deu uma definição precisa da classe social. O último capítulo do volume III de *O capital*, dedicado às classes, ficou inacabado. Mas existe uma abordagem propriamente marxista das classes sociais, que as conecta às relações sociais de produção: a classe dominante é aquela dos proprietários dos meios de produção, que se apropria, cada vez de uma maneira específica, do excedente produzido pela classe dos trabalhadores diretos; entre esses dois principais polos se distribui toda uma gama de situações sociais intermediárias.

Se, no *Manifesto do Partido Comunista* (1848), Marx fala, sobretudo, de duas classes sociais, os opressores e os oprimidos — definição que não é estritamente econômica —, cuja expressão moderna é a oposição entre burguesia* e proletariado*, em seus escritos políticos dos anos 1848-1852, *As lutas de classes na França* (1848-1850) e, sobretudo, *O 18 de brumário de Luís Bonaparte* (1852), encontramos uma análise concreta bem mais rica. Trata não só dessas duas grandes classes da sociedade moderna, mas de diversas frações econômicas da burguesia, financeira e industrial, e de uma série de posições políticas — legitimista, orleanista, bonapartista, republicana —, como também de diversas classes não menos importantes: o campesinato*, sem dúvida, mas também a pequena burguesia, o lumpemproletariado (ver Proletariado), a aristocracia etc.

Num texto célebre, *Uma grande iniciativa* (1919), Lênin tenta dar uma definição precisa do conceito marxista de classe social: "Chamam-se classes os vastos grupos de pessoas que se distinguem entre si pelo lugar que ocupam num sistema de produção social e historicamente determinado, por sua relação (a maior parte das vezes fixada e consagrada pelas leis) com os meios de produção, por seu papel na organização social do trabalho; consequentemente, pelo modo de obtenção e pelas dimensões da parte da riqueza social de que dispõem. As classes são grupos de pessoas, um dos quais pode apropriar-se do trabalho do outro graças ao fato de ocupar um lugar diferente num regime determinado, a economia social".

Comércio (entre os homens)

Numa carta a Paul Annenkov (1846), Marx resume os princípios de sua concepção da história nestes termos: "O que é a sociedade, qualquer que sejaa sua forma? O produto da ação recíproca dos homens [...]. Suas relações materiais formam a base de todas as suas relações [...]. Os homens são forçados, a partir do momento em que o modo do seu comércio deixa de corresponder às forças produtivas adquiridas, a mudar todas as suas formas sociais tradicionais. Utilizo a palavra 'comércio' aqui no sentido mais geral, como dizemos em alemão: *Verkher*".

A sociedade é definida como uma atividade cooperativa destinada a satisfazer as necessidades*, e esta última se apresenta, ao mesmo tempo, como atividade de produção, ou um trabalho*, e como interação com os outros. Para definir essa segunda dimensão, Marx emprega o termo *Verkehr*, em *A ideologia alemã* (1846), que ele traduz na carta por "comércio" ("entre os homens"), mas que se traduziria melhor por "troca", para facilitar as conotações em noções como "formas de troca" (*Verkehrsform*) e "relações de troca" (*Verkehrsverhältnisse*), que têm evidentemente uma significação econômica.

Portanto, o conceito de comércio (ou de troca) entre os homens designa a interação dos indivíduos em geral (as "trocas materiais" e as "trocas espirituais"), assim como a maneira pela qual a interação se realiza na atividade econômica (sob a forma de "cooperação" produtiva e de troca de mercadorias). A análise da função da linguagem na interação (proposta em *A ideologia alemã*) e, ainda, a análise da função do fetichismo* e do Direito* na interação (em *O capital*) remetem à teoria das modalidades específicas do comércio entre os homens.

Marx foi bastante censurado por analisar o mundo social e histórico unicamente do ponto de vista da produção — como se toda a vida social pudesse ser reduzida à atividade produtiva dos homens (Jean Baudrillard) —, e por ter reduzido a atividade humana ao "agir instrumental" (Jürgen Habermas). No entanto, o agir humano é imediatamente compreendido por Marx sob seus dois aspectos: de uma parte, como relação instrumental com a natureza e com os produtos do trabalho (produção e trocas econômicas); e, de outra parte, como uma relação com os outros (comércio com os homens).

Composição do capital

Marx definiu com muito cuidado o que ele chama de "composição do capital". Trata-se da relação do capital constante com o capital variável (ver Mais-valia), para a qual ele dá três definições. A *composição técnica* do capital estabelece a relação entre quantidades fisicamente determinadas, como indicadores estatísticos, que relacionam coisas absolutamente heterogêneas, como matérias-primas, fontes de energia, máquinas, prédios, de um lado, a horas de trabalho igualmente heterogêneas de outro. A *composição-valor* estabelece a mesma relação, mas nesta são considerados, como numerador e denominador, os valores desses elementos (ver Mercadoria). Enfim, Marx define a *composição orgânica* do capital. Esta é exatamente a composição-valor, mas "a partir do momento em que suas variações refletem aquelas da composição técnica". Em sua análise da mudança técnica, é essa noção que Marx usa, ainda que a expressão não apareça explicitamente.

Por que esse último detalhe? Marx quer dizer que abstrai as variações da composição-valor provenientes das variações dos valores dos componentes do capital. Por exemplo, o valor de uma máquina pode diminuir devido ao aumento da produtividade do trabalho necessário na sua produção. Marx assinala que, de modo geral, não considera esse tipo de desenvolvimento, salvo em caso de menção explícita do contrário.

Comunismo primitivo

Marx e Engels designam como comunismo primitivo o modo de produção existente nos períodos pré-históricos, antes da aparição da propriedade privada, das classes* sociais, do patriarcado e do Estado*. Inspirando-se em pesquisas do antropólogo Lewis Morgan sobre os iroqueses norte-americanos, Engels tentará desenvolver uma análise sistemática dessas formações em *A origem da família, da propriedade privada e do Estado* (1884). Trata-se, segundo ele, de comunidades cujo estágio das forças produtivas (ver Dialética; e Modo de produção) era muito limitado, o que explica a ausência de excedente, e, portanto, de exploração ou de classes sociais distintas. Marx e Engels não escondem sua admiração pelas estruturas sociais dessas comunidades livres e igualitárias, e por suas qualidades humanas, que esperam reencontrar, num nível superior de civilização, no comunismo moderno.

Esse tema aparece nos escritos de Rosa Luxemburgo, especialmente em *Introdução à economia política*, publicado após sua morte, em 1927. A discussão sobre o comunismo primitivo ocupa mais da metade dessa obra. Entre os exemplos estudados, a "Marcha" germânica, uma organização social simples e harmoniosa, em que "todos trabalham juntos para todos e decidem juntos para tudo". Mas Rosa Luxemburgo insiste na universalidade do comunismo agrário primitivo, que também se encontra entre os indígenas das Américas, os incas, os cabilas, as tribos africanas e as aldeias hindus.

Sem conhecer os textos de Rosa Luxemburgo, o marxista peruano José Carlos Mariategui desenvolve ideias análogas, nos anos 1927-1929, considerando as tradições coletivas indígenas — o "comunismo inca" — como ponto de partida para ganhar as massas camponesas para o socialismo moderno. Essas ideias encontram eco ainda hoje em movimentos como o zapatismo de Chiapas, ou em correntes indianistas de esquerda na América Latina.

Comunismo, socialismo e social-democracia

Em *A ideologia alemã* (1846), Marx e Engels definiriam o comunismo como "o movimento *real* que acaba com o atual estado de coisas", pela abolição da propriedade privada e a regulamentação comum da produção e da troca. No *Manifesto do Partido Comunista* (1848), a revolução* comunista é apresentada como a ruptura mais radical, tanto com as relações de propriedade tradicionais, como com as ideias tradicionais.

No prefácio à edição alemã de 1890 do *Manifesto*, Engels explica por que seu texto não podia se chamar "Manifesto socialista": o socialismo era, nos anos 1840, uma corrente "alheia ao movimento operário"; o comunismo, do contrário, tanto na França como na Alemanha, designava "a parte dos operários que, convencida da insuficiência de meros rebuliços políticos, exigia que a sociedade se reorganizasse de cabo a rabo".

Em documentos posteriores, Marx e Engels usam ora *socialismo*, ora *comunismo*, para designar a sociedade sem classes. Na *Crítica ao programa de Gotha* (1875), Marx define o comunismo como "uma sociedade cooperativa fundada sobre a posse comum dos meios de produção". Ele faz distinção entre a fase inferior da sociedade comunista, em que cada um recebe segundo seu trabalho (fase às vezes chamada de "socialismo"), e a fase superior, que poderá estampar em suas bandeiras: "De cada um conforme suas capacidades, a cada um conforme suas necessidades". A partir de 1919, com a fundação da Internacional Comunista (ver Internacionalismo), o termo "comunismo" passa a designar os partidários da Revolução Russa e da União Soviética, ao longo do "curto século XX". Em oposição à tendência comunista dominante (que se refere a Stálin), aparecerão correntes comunistas dissidentes, como o conselhismo, o comunismo libertário e o trotskismo*.

Desde então, o termo "socialismo" é correntemente utilizado em referência às sociedades que sofreram transformações revolucionárias, reivindicando o marxismo. Essas sociedades foram designadas alternadamente como socialistas ou comunistas, ou se declararam elas mesmas como tal. Falamos, por exemplo, em "socialismo num só país". Numerosos militantes revolucionários se engajaram na luta pelo socialismo, das origens até o ecossocialismo*, ainda que alguns prefiram a referência ao comunismo.

O termo "social-democracia" é marcado pelas mesmas ambiguidades. Os revolucionários marxistas se designavam dessa maneira antes da III Internacional, que consagra a cisão do movimento operário entre uma corrente revolucionária e uma corrente reformista. Para os revolucionários, o termo tornou-se pejorativo.

Atualmente, os termos "social-democracia" e "socialismo" são usados em referência a partidos que reivindicam programas favoráveis às proteções sociais, ou a um papel maior do Estado em face do mercado.

Concentração e centralização do capital

Marx identifica na progressão do modo de produção capitalista uma tendência à formação de empresas cada vez maiores, pertencentes a capitalistas cada vez mais ricos. O autor descreve dois mecanismos dessas empresas. O primeiro, chamado de "concentração", provém das performances superiores de algumas empresas e de alguns capitalistas cujo capital se acumula rapidamente, com efeitos cumulativos. A segunda modalidade, dita "centralização", provém da absorção dos pequenos pelos grandes.

Concorrência e preço

Marx toma emprestada dos economistas* clássicos ingleses a análise da concorrência, que aperfeiçoa um tanto. A estrutura fundamental reúne um conjunto de ramos, que produzem mercadorias* distintas. Pode-se supor inicialmente que todas as empresas de um mesmo ramo são idênticas. Faz-se a abstração* de todas as considerações que implicam que uma produção mais elevada só poderia ser obtida aumentando o custo de produção das mercadorias (diminuindo os rendimentos). Tal situação será apreciada por Marx em sua análise da renda* fundiária, da qual é feita a abstração na análise da concorrência, no início do livro III de *O capital*.

Nesse contexto, Marx define uma nova *lei de trocas*, distinta da lei de trocas mercantil, a preços proporcionais aos valores (ver Mercadoria), que abstrai o caráter capitalista da produção. Por conta da composição desigual dos capitais dos ramos, uma taxa da mais-valia* uniforme (para trabalho igual, salário igual) resultaria em taxas de lucro desiguais (ver o exemplo numérico apresentado na entrada "Transformação dos valores em preço de produção"). Os preços padronizados nessa economia capitalista garantiriam taxas de lucro uniformes aos diferentes ramos.

No centro da análise da concorrência, encontra-se a taxa de lucro* das empresas ativas nos diferentes ramos. A ideia geral é que os capitalistas são guiados em seus investimentos (aplicação de capitais) pelas taxas de lucro obtidas na produção de diversas mercadorias. Se a produção de uma mercadoria oferece uma taxa de lucro superior à que oferece a produção de outra, mais capital será investido (acumulado) na produção da primeira, e inversamente. Marx sustenta que essa atração de capitais pelas taxas de lucro mais altas produz uma tendência à equalização das taxas de lucro nos diferentes ramos.

Esse mecanismo envolve o ajustamento de preço praticado no mercado (*preços de mercado*), conforme a situação da *oferta e da procura*, que conduz à convergência desses preços no sentido de um sistema particular de preço, os *preços de produção*. O fluxo de capitais para um ramo, atraídos pela alta taxa de lucro, aumenta a oferta desses bens e tende a pesar sobre seus preços. Simetricamente, o refluxo de capitais dos ramos em que a rentabilidade do capital é inferior ao padrão tem um efeito aumentativo sobre os preços, pela falta de oferta. Esses movimentos de preço comandam, por sua vez, os das taxas de lucro.

Trata-se de um mecanismo de constante ajustamento, realizado pelas empresas (que modificam suas produções e preços) e pelos capitalistas (que investem mais ou menos neste ou naquele ramo), assim como por desequilíbrios ocasionados por eventos diversos (choques). Os preços não correspondem aos preços de produção, mas tendem a "gravitar" em torno deles, posto que estes são eixos sujeitos eles mesmos a movimentos, supostamente mais lentos (o efeito de mudanças técnicas, modificações quanto à demanda...).

De fato, os ramos são compostos por empresas distintas, que utilizam métodos de produção diferentes, logo, mais ou menos eficazes. A tendência à equalização das taxas de lucro concerne somente a médias entre as empresas de cada ramo, não a empresas avulsas, pois nenhum preço único de uma mesma mercadoria pode garantir a remuneração igual entre empresas mal ou bem-sucedidas.

O mecanismo de formação da taxa de lucro uniforme entre ramos é tanto mais eficaz quanto mais forem "móveis" os capitais (da mesma forma que os trabalhadores, suscetíveis a passar de uma empresa a outra). O desenvolvimento do sistema de crédito* contribui para esse movimento. O tamanho das empresas cresce historicamente, mas também o das instituições financeiras, que executam a função de investidores capitalistas (ver Capital bancário), e as grandes empresas também diferenciam sua produção por conta própria. A teoria marxista, posterior a Marx, discutiu imensamente a questão dos monopólios* ou da concorrência monopolista, mas Marx propriamente trata apenas de monopólios naturais (ver Centralização).

Concreto pensado

No único manuscrito importante que deixou sobre seu método (*Introdução geral à crítica da economia política*, de 1857), Marx descreve o trabalho do economista como um processo duplo, que, por um lado, vai observar a realidade com o propósito de produzir conceitos, e, por outro, faz uso desses conceitos (elaborados para esse fim) no estudo da realidade. O primeiro movimento é o da produção teórica, e o segundo, o da análise concreta.

Marx sustenta que os antigos tratados econômicos partiam do exame das condições descritivas ligadas à produção, como a existência de uma população, seu saber tradicional, as riquezas naturais... Num segundo momento, o economista que procede dessa maneira é levado a forjar conceitos, passando da população às classes* sociais, interrogando-se sobre o que são a riqueza e, portanto, as mercadorias*, o dinheiro*... Logo, o valor,* o capital* etc. Esse caminho é chamado de "abstração*" (no sentido etimológico de "puxar para fora de"), pois ele leva a deixar de lado um conjunto de aspectos da realidade, da qual o conceito considerado, por si só, não dá conta. Assim, uma vez executado esse trabalho de produção teórica, o economista pode voltar ao estudo da realidade munido, desta vez, de ferramentas adequadas, às quais ele combina o valor explicativo. Chega assim o momento da análise concreta, o que Marx chama de reconstrução do concreto no pensamento, o "concreto pensado".

Marx enfatiza que os estudos científicos mais avançados de que dispõe partem de conceitos fundamentais, e não de dados descritivos. Ele próprio vai proceder dessa maneira, dando início à sua obra econômica maior, *O capital*, pelo estudo da mercadoria, em seguida passando ao dinheiro e ao capital, objeto central do estudo. Marx é muito consciente desse percurso, e pratica a abstração de maneira muito rigorosa. Chega a escrever, algumas vezes, que aquilo que não foi descrito, para ele não existe. No entanto, faz uma descrição muito numerária, o que dificulta a leitura de sua obra e exige que se tenha uma visão de conjunto dela, antes de entrar na particularidade dos desenvolvimentos.

Conselhos operários

Os conselhos operários (*sovietes*), compostos por delegados diretamente eleitos nas usinas em luta, apareceram como forma espontânea de auto-organização do decorrer da revolução de 1905 na Rússia. Quando eclode a revolução de fevereiro de 1917, os conselhos de operários e de soldados se formam, e Lênin lança, em abril, a palavra de ordem "todo o poder aos sovietes". Em seu livro *O Estado e a revolução* (1917), apresenta o poder dos conselhos como uma forma superior de democracia, em oposição às instituições parlamentares da democracia burguesa. A Revolução de Outubro tinha por objetivo dar o poder à Conferência Nacional dos Sovietes de operários, camponeses e soldados. Mas rapidamente, como constata Rosa Luxemburgo já em 1918, o poder do Partido* reduziu consideravelmente seu papel.

Seguindo o exemplo russo, conselhos de operários e soldados se constituem na Alemanha em 1918-1919, mas os participantes comunistas do poder dos conselhos são esmagados em janeiro de 1919. Ao longo do mesmo ano, na Baviera, durante algumas semanas, e na Hungria, durante alguns meses, repúblicas de conselhos operários tomaram o poder entre 1919-1920. Conselhos operários surgiriam também na Áustria, onde o marxista Max Adler pleiteava a coexistência entre o poder dos conselhos e o Parlamento; e na Itália, onde Antonio Gramsci tentava promover seu desenvolvimento, em seu jornal *Ordine Nuovo* (criado em 1919).

A corrente *conselhista* — especialmente os holandeses Hermann Gorter e Anton Pannekoek — criticará Lênin e os bolcheviques, opondo o poder democrático dos conselhos, como auto-organização dos trabalhadores, ao poder centralizador e autoritário do Partido*.

Conselhos operários aparecerão durante a Revolução Húngara de 1956 e a Primavera de Praga de 1968. Nos dois casos, essa experiência de auto-organização operária será dizimada pelos tanques soviéticos.

Contradição

No marxismo, a discussão sobre o estatuto da contradição se desenvolve a partir de três temas: a dialética como teoria das contradições, as contradições do modo* de produção capitalista, o antagonismo de classe. No ponto em que Hegel definia a dialética como a dedução da verdade do saber a partir da superação de suas próprias contradições, Marx insistiu na irredutibilidade das contradições e na necessidade de se fazer a distinção entre as contradições do saber e as do real (*Miséria da filosofia*, 1847). Para ele, o conceito de contradição está investido particularmente em dois tipos de análise. De uma parte, no estudo das contradições estruturais do capitalismo e na teoria dos efeitos dinâmicos que elas produzem (ver, por exemplo, a lei da tendência à baixa da taxa de lucro). De outra parte, no estudo da luta* de classes (às vezes descrita também como "conflito", "colisão", ou "antagonismo").

Uma das principais contribuições da teoria marxista à contradição provém do ensaio de Mao Tsé-Tung intitulado *Da contradição* (1937). Nele se distinguem contradição principal e contradição secundária, contradição não antagonista e contradição antagonista. A primeira distinção (principal e secundária) será reformulada por Louis Althusser, por intermédio de seu conceito de "contradição sobredeterminada" (ver Sobredeterminação). Já a segunda coloca o problema das condições em que as contradições estruturais podem tomar a forma de antagonismo explosivo e revolucionário.

Contradições do modo de produção capitalista

Segundo Marx, o modo* de produção capitalista é atravessado por um conjunto de contradições*, de acuidade crescente, e que determinam sua "historicidade", isto é, o fato de que ele representa uma etapa do desenvolvimento das sociedades. Sua superação, entretanto, não se produzirá de maneira automática, mas resultará da luta* das classes oprimidas.

O modo de produção capitalista não é associado por Marx à ideia de "estagnação", mas ao poderoso desenvolvimento das forças produtivas, embora, em certo estágio do desenvolvimento, as relações de produção capitalistas devam entrar em contradição com o progresso das forças produtivas. Marx tende a ver esse conflito exprimir-se na multiplicação e no aprofundamento das crises, especialmente pelo efeito da tendência* à baixa da taxa de lucro e do desenvolvimento dos mecanismos financeiros (inchaço do capital* fictício). Mas as contradições do modo de produção capitalista são ainda mais traiçoeiras. O capitalismo produz também a socialização* da produção, o que será a base da sociedade que o sucederá. Ele favorece o agrupamento dos trabalhadores nas grandes unidades de produção e nas grandes metrópoles, de onde surgirão as ondas de lutas que darão fim ao modo de produção capitalista.

Cooperação, manufatura e grande indústria

A análise das modalidades técnicas e organizacionais da produção ocupa lugar importante na obra de Marx. Este se dedica às consequências das transformações desses mecanismos no final do livro I de *O capital* (no estudo da lei da acumulação* capitalista) e no livro III (no estudo da tendência* à baixa da taxa de lucro). Seu conteúdo (suas modalidades) será analisado, principalmente, no livro I, por ocasião da descrição da mais-valia* relativa. Segundo Marx, as mudanças técnico-organizacionais são motivadas pela busca do crescimento "relativo" da mais-valia.

Três noções principais estão em jogo: a cooperação, a divisão do trabalho na manufatura e o maquinismo (como na grande indústria). Essas noções remetem a mecanismos cumulativos (o seguinte requer o precedente). A *cooperação* reflete a atividade combinada de vários trabalhadores na realização de uma tarefa. Ela aumenta potencialmente a eficácia do trabalho, logo, sua produtividade. A *divisão do trabalho na manufatura* descreve a realização de sucessivas tarefas fragmentadas, resultando na produção de um objeto específico. Diversos grupos de trabalhadores se especializam em diferentes fases da realização do produto, supostamente adquirindo grande eficácia nelas. O ônus para o trabalhador é a monotonia do trabalho; a vantagem para o capitalista é a capacidade de controle. A *mecanização* aumenta o potencial de produção da força de trabalho, e sua implementação é muito facilitada pela cooperação e pela divisão do trabalho na manufatura.

Crédito

No livro III de *O capital*, a análise dos mecanismos de crédito ganha grande espaço. Marx dedica diversos estudos às suas questões, mas finalmente não os reúne de maneira sistemática.

Em primeiro lugar, destaca-se um conjunto de análises que evidenciam as funções do sistema de crédito, que contribuem para a eficácia do modo de produção capitalista no interior de sua própria lógica. O crédito permite uma utilização mais completa dos capitais, pois as frações do capital temporariamente não empregadas podem ser utilizadas para empréstimos, assegurando assim a acumulação*. O crédito contribui para a alocação dos capitais entre os ramos, conforme os mecanismos da concorrência* capitalista (em que o investimento é guiado pela rentabilidade do capital).

O crédito é um dos pilares das configurações avançadas da produção capitalista, especialmente em sociedades por ações, nas quais uma categoria particular de capitalistas, os credores, ou capitalistas de dinheiro, colocam seus capitais à disposição dos capitalistas ativos, sem que precisem se ocupar das atividades capitalistas (ver Juros e empréstimo de capital). Os bancos concentram tais massas de capitais, que emprestam, no lugar dos capitalistas de dinheiro. Tornam-se os "administrantes" do capital de empréstimo (ver Capital bancário).

Entretanto, o sistema de crédito também é fonte de instabilidade. Isso aparece inicialmente no estudo do ciclo industrial (ver Crise), em que o crédito estimula a acumulação* para a fase de prosperidade, mas o aumento da taxa de juros pode desestabilizar a expansão, levando a economia à superprodução e à quebra. O sistema de crédito é, finalmente, o vetor da instabilidade financeira, com a proliferação do que Marx chama de "capital* fictício", de modo que, em fases de crise financeira, massas de letras de crédito de todas as ordens (ou títulos) buscam sua realização, o que quer dizer a recuperação de sua forma de dinheiro*.

Crise

Na obra econômica de Marx, não se encontra seção ou capítulo dedicado à teoria da crise, apesar da importância que ele atribuía a esse fenômeno. Nos primeiros rascunhos da grande crítica da economia política que planejava escrever, uma última parte deveria tratar do mercado mundial e da crise, mas Marx nunca chegaria a executar esse plano. Para ter ideia dessa teoria, é preciso reunir um conjunto de passagens de *O capital*.

Há diferentes tipos de crise. Pode ser, primeiramente, uma fase do ciclo industrial (o que chamamos, atualmente, de "ciclo conjuntural"). Marx descreveu de forma muito precisa o ciclo que começa a se manifestar no início do século XIX. Em suas formulações, ele distingue um número variável de fases, como situações de calma, retomada, prosperidade, superprodução, quebra, depressão e, novamente, calma. A crise propriamente dita corresponde à superprodução (durante a qual as mercadorias ficam invendáveis pelo preço proposto), à quebra (quando a produção se retrai de repente, acarretando "recessão") e à depressão (quando a produção entra em colapso). A superprodução é apenas uma fase do ciclo, mas nomeou essas crises: "crise geral de superprodução". É realmente impressionante o contraste em relação a crises anteriores, em que a escassez, especialmente agrícola, tinha um papel central. Essas crises, de modo geral, são complicadas por crises financeiras, do crédito e na Bolsa, que têm, *a priori*, causalidade recíproca e consideravelmente dependente das circunstâncias. O capitalismo atual está sempre sujeito a tais sobressaltos.

Para Marx, a crise é sempre o efeito da baixa da taxa de lucro. Essa baixa pode ser conjuntural, quando a expansão do emprego, em particular, provoca o aumento do poder de compra do salário* (ver Acumulação). É o que Marx chama de situação de "sobreacumulação de capital". A sobreacumulação é característica da fase de expansão, dita "prosperidade". Quando a alta do salário se impõe, a economia pende para a "quebra". O aumento da taxa de juros*, também associada à fase de expansão, pode produzir o mesmo efeito.

Marx assinala explicitamente que baixas bruscas da taxa de lucro devem ser diferenciadas das fases longas de baixa (ligadas à tendência* à baixa da taxa de lucro), que favorecem tais conjunturas de crise, associadas, escreve Marx, à desaceleração da acumulação e à especulação. Esses períodos podem ser chamados de "crises estruturais", ainda que Marx não empregue essa expressão. Do final do século XIX aos dias de hoje, o capitalismo atravessou duas dessas crises, nos anos de 1890 e 1970.

Marx não atribui as crises do capitalismo à insuficiência do salário, que provocaria a insuficiência de mercados reais. Ele refuta explicitamente essa tese no livro II de *O capital*, lembrando que os episódios de crise são geralmente precedidos de fases de alta do salário. Não se pode confundir essa ideia com aquelas afirmações segundo as quais o "fundamento último" das crises capitalistas é sempre o fato de que esse modo de produção, movido pela busca de rentabilidade, não é regido por uma dinâmica que tenda à satisfação das necessidades dos trabalhadores (como seria na nova sociedade que Marx gostaria de ver suceder ao capitalismo).

As crises do ciclo são crises gerais, no sentido de que a maioria dos ramos são afetados. No manuscrito *Teorias da mais-valia*, Marx menciona crises setoriais, em alguns ramos, mas não se trata da crise ela mesma, episódio do ciclo industrial. Quanto a esse tipo, algumas referências podem ser encontradas ainda no livro II, quando Marx descobre que os problemas poderiam surgir em apenas um ramo. De maneira geral, Marx é hostil à ideia de que as crises resultariam de "desproporções" entre ramos e refuta Ricardo sobre o tema.

Crítica

A atividade teórica de Marx desdobra-se numa série de críticas: crítica da filosofia hegeliana do direito*, crítica da religião*, crítica da política*, crítica da ideologia*, crítica das diferentes formas de socialismo (ver Comunismo) e uma crítica da economia política. Se buscarmos características comuns a todas essas críticas, veremos, sem dúvida, que Marx tenta sempre articular: a) a crítica dos discursos, com a crítica da realidade sobre a qual esse discurso se dá; e b) a crítica teórica, com a crítica prática* dessa realidade. Assim como a crítica da ideologia é mobilizada a serviço da crítica social, as "armas da crítica" devem ser associadas à "crítica das armas" (ou à "atividade prático-crítica"). A ideia de crítica da economia política ilustra essas duas características: é ora a crítica das categorias da Economia* política clássica e crítica da economia capitalista; ora teorização científica do capitalismo e "representante" (*Vertreter*) do proletariado* em luta contra o capitalismo.

Dessa forma, Marx ampliou consideravelmente o conceito de crítica, que teve profunda influência sobre o marxismo. Aqui a noção de crítica encontra-se associada principalmente aos temas da crítica da ideologia e da necessária revisão de posições teóricas e políticas em função das transformações históricas. Ao contrário, as atitudes "não críticas" são aquelas que seguem impregnadas de ilusões ideológicas sem questionamento (ingenuidade), ou as que se mostram incapazes de definir análises teóricas e estratégias políticas adaptadas à conjuntura (dogmatismo). Essa compreensão leva à valorização da "autocrítica" (ainda que esta tenha sido utilizada como instrumento de policiamento interno à época do stalinismo).

O termo "crítica" serviu também para designar um segmento interno do marxismo: os marxistas críticos se caracterizam por sua insistência na crítica da ideologia e na prática revolucionária contra todas as tendências que levem a reduzir o marxismo a uma ciência, a um dogma de Estado ou de partido, a uma simples visão de mundo, ou ainda a simples método*.

Dialética

Em Marx, a ideia de dialética designa, ao mesmo tempo, o método e o objeto da crítica* da economia política.

No posfácio de *O capital*, Marx destaca logo de início que seu "método de exposição" é dialético, ao contrário de seu "método de investigação" (ver Método). Da mesma forma, ele opõe a sua dialética materialista à dialética idealista de Hegel: "A mistificação que a dialética sofreu nas mãos de Hegel não impede, de modo algum, que ele tenha sido o primeiro a expor suas formas gerais de movimento, de maneira ampla e consciente. É preciso invertê-la [*umstulpen*] para descobrir o cerne racional sob o invólucro místico".

A ideia de dialética, por outro lado, designa a dinâmica das contradições* entre o desenvolvimento das forças produtivas e as relações sociais de produção (ver Modo de produção) e, de modo mais geral, os conflitos e as contradições da sociedade capitalista. É nesse sentido que a dialética é abordada no posfácio de *O capital*, quando Marx salienta que essa concepção dialética da dinâmica histórica é "crítica e revolucionária", "porque na inteligência positiva do estado de coisas existente, ela inclui, ao mesmo tempo, a inteligência de sua negação".

Embora Marx não tenha deixado nada além de algumas observações dispersas sobre a dialética, diferentes correntes do marxismo viram nela o centro de seu pensamento. Engels foi o primeiro a propor uma teoria da dialética materialista, buscando em Hegel certo número de "leis dialéticas" (transformação de quantidade em qualidade; interpenetração e inversão de contrários; e desenvolvimento da contradição como negação da negação) e interpretando-as como leis da matéria. Em Georg Lukács, a ideia de dialética, ao contrário, é entendida como uma ciência da totalidade* social. De maneira geral, o marxismo tendeu a fazer da ideia de dialética um operador teórico fundamental, distinguindo o materialismo dialético (filosofia marxista) e o materialismo histórico (ciência marxista).

Dinheiro, moeda

Na obra de Marx, os termos "dinheiro" e "moeda" devem ser considerados sinônimos, salvo quando o uso de "moeda" refere-se a uma divisa particular, como o dólar.

Em *O capital*, a introdução do dinheiro provém da elaboração da teoria da mercadoria* e da troca. Marx procede de maneira descritiva em referência às sociedades de produtores, anteriores ao modo* de produção capitalista, em que os sujeitos produziam visando primeiramente à satisfação de suas próprias necessidades, depois, parcialmente, em vista da troca. Quando essas trocas se repetem de maneira permanente, a perspectiva da troca modifica as condições de produção: os "produtos tornam-se mercadorias", segundo a formulação de Marx. Com a repetição, algumas mercadorias são utilizadas como referência na negociação de preços e na realização das trocas, normalmente uma mercadoria que seja trocada com frequência. Tal mercadoria cumpre a função de "equivalente geral", no sentido de que o valor das mercadorias passa a ser expresso em determinada quantidade dessa mercadoria particular, o que permite que mercadorias diversas sejam julgadas equivalentes em relação a seu valor.

Uma mercadoria pode finalmente destacar-se das outras, em virtude de propriedades específicas (divisibilidade, conservação), como o ouro. Ela se torna *dinheiro* ou *moeda*. Serve para estimar os valores, seja a transação realizada ou não. Permite a separação da compra e da venda (por oposição à troca imediata de duas mercadorias). Pode ser conservada (entesourada)...

Direito

Em Marx, a questão do direito é sucessivamente abordada no âmbito da crítica* da alienação* política, da crítica da ideologia* e da análise das condições de interação mercantil (ver Mercadoria).

Na *Crítica da filosofia do direito de Hegel* (1843), Marx desenvolve ainda a sua crítica da política, antes do ponto de vista da filosofia do direito que da crítica do direito. Seu objetivo então era lutar contra a subordinação do "direito do Estado" ao direito privado, e contra a delimitação da soberania popular pelo contexto constitucional e pela separação dos poderes. Com o artigo "Sobre a questão judaica" (1844), a análise do direito é reformulada no âmbito da crítica da alienação política; o sistema jurídico moderno deixa de aparecer como forma de organização e de justificação da ordem social fundada sobre a propriedade privada. A crítica da Declaração dos Direitos do Homem e do Cidadão consiste, então, em mostrar que esses direitos se reduzem, na verdade, ao direito da propriedade privada. Marx esboça, assim, os temas que aprofundará em *A ideologia alemã* (1846), destacando a função ideológica do direito. Será necessário esperar *O capital* para que a abordagem materialista do direito venha acompanhada de uma descrição mais precisa de suas funções. Ele aparece então como um dos vetores constitutivos da interação de mercado, como modo de subjetivação específica, como um fator de dissimulação da exploração e como espaço normativo no qual se desenvolve a luta de classes.

De Marx, o marxismo conservou, sobretudo, um forte antijuridicismo. Mas a Revolução Russa permitiu também o desenvolvimento da análise marxista do direito. Peteris Stucka, comissário do povo para a justiça desde 1918 na URSS, foi autor de diferentes contribuições sobre as funções e a natureza do direito socialista. Em sua obra principal, *Teoria geral do direito e marxismo* (1924), Evgeni Pachukanis ocupa-se, de uma só vez, do reducionismo economicista de Stucka e do positivismo jurídico de Hans Kelsen.

Ditadura do proletariado

Poucos conceitos marxistas suscitaram tamanha polêmica como este. Numa carta de Marx a seu amigo Joseph Weydemeyer (em 5 de março de 1852), a questão da ditadura do proletariado aparece como "transição à abolição de todas as classes e a uma sociedade sem classes". Na *Crítica ao programa de Gotha* (1875), encontra-se uma formulação mais explícita: "Entre a sociedade capitalista e a sociedade comunista, situa-se um período de transformação revolucionária da primeira para a segunda. A esse período corresponde outro, de transição política, em que o Estado não será outra coisa senão *a ditadura revolucionária do proletariado*". Enfim,

Engels, no prefácio de 1891 à reedição de *A guerra civil na França* (1871), apresenta a Comuna de Paris como exemplo concreto do que seria a ditadura do proletariado.

Parece evidente que, para Marx e Engels, a ditadura do proletariado não seria o poder de um chefe — um "ditador" —, nem de um partido, mas aquele exercido democraticamente pelo conjunto da classe dos trabalhadores, como na Comuna de 1871.

Lênin explica em detalhes, em *O Estado e a revolução* (1917), todas as referências de Marx e Engels à ditadura do proletariado, opondo-as, em virulenta polêmica, à defesa da democracia parlamentar que faziam os teóricos social-democratas, especialmente Karl Kautsky. Rosa Luxemburgo, em sua brochura *A Revolução Russa*, redigida na prisão em 1918, observa, todavia, que a ditadura do proletariado não pode ser senão uma "ditadura de classe, não a de um partido ou de um grupo social": ou seja, um poder revolucionário que tenha por base "a participação ativa das massas populares, sem obstáculos, numa democracia sem limites".

Com o advento do stalinismo na URSS, o conceito de ditadura do proletariado torna-se um dos dispositivos ideológicos de legitimação da ditadura burocrática. Em sua maioria, os partidos comunistas o abandonariam nos anos de 1970, mas o conceito continua sendo utilizado em algumas correntes trotskistas*.

Economia clássica

Em seu estudo da economia, Marx inspira-se muito nos economistas que o precederam. Os dois autores mais importantes para ele são Adam Smith (*A riqueza das nações*, 1776) e David Ricardo (*Princípios da economia política e tributação*, 1817), os dois grandes economistas "clássicos" ingleses. A relação de Marx com esses teóricos da economia é, simultaneamente, de crítica* e de apropriação. Ele manifesta evidente respeito diante desses pensadores, em oposição aos economistas "vulgares", ou seja, não científicos (dos quais a figura mais notória é Jean-Baptiste Say e seu *Tratado de economia política*, que teve diversas edições no início do século XIX).

Marx encontra na obra dos clássicos uma teoria, mais ou menos elaborada, do valor (ver Mercadoria), cuja fonte é o trabalho — logo, alguns elementos da teoria da exploração como apropriação de uma mais-valia*. Os economistas clássicos não puderam interpretar explicitamente a exploração como tal, mas Marx detecta em suas análises as bases de tal demonstração. Ele reproduz, tornando-as um tanto mais complexas, suas análises da concorrência e da formação do preço de produção (ver Concorrência; e Transformação). Segundo Marx, o economista vulgar nada mais faz do que dar uma roupagem teórica às *representações* que os capitalistas desenvolvem a partir de suas práticas, tendendo sua obra a justificar essas práticas e o capitalismo em geral.

Marx atua como "crítico da economia política" de seu tempo, mas deixa uma obra econômica em que constrói por si mesmo um sistema teórico elaborado, expondo os grandes conceitos da economia política (como mercadoria, valor, capital*, lucro*) e analisando as grandes leis desse modo de produção (lei do valor, da acumulação* capitalista, da tendência* à baixa da taxa de lucro...).

Ecossocialismo

O ecossocialismo desenvolveu-se principalmente ao longo dos últimos trinta anos, graças aos trabalhos precursores de Manuel Sacristan e André Gorz, além de outros que lhes deram continuidade.

100 PALAVRAS DO MARXISMO

Essa corrente está longe de ser politicamente homogênea, mas a maior parte de seus representantes partilha de algumas questões comuns. Rompendo com o produtivismo — em sua forma capitalista e/ou burocrática (como na antiga URSS) — e opondo-se à expansão ilimitada de um modo de produção e consumo que destrói a natureza, o ecossocialismo representa uma tentativa original de combinar as ideias fundamentais do socialismo marxista e as contribuições da crítica ecológica.

James O'Connor define como ecossocialistas as teorias e os movimentos que visam a subordinar o valor de troca ao valor de uso (ver Mercadoria), organizando a produção em função das necessidades sociais e da proteção necessária ao meio ambiente. O objetivo do socialismo ecológico é uma sociedade ecologicamente racional, fundada sobre o controle democrático, a igualdade social e a predominância do valor de uso (*Natural causes*: essays in ecological marxism, James O'Connor, 1998).

Apoiando-se na crítica marxista do capitalismo, diversos ecossocialistas colocam em questão a tese marxiana do desenvolvimento ilimitado das forças produtivas, e insistem na necessidade de uma estrutura tecnológica radicalmente nova, baseada nas energias renováveis — o que alguns chamam de "comunismo solar". Logo após a publicação do *Manifesto ecossocialista internacional* (2001), uma rede ecossocialista internacional foi fundada em Paris, em 2007.

Emancipação

Em Marx, a questão da emancipação é abordada sucessivamente no âmbito das problemáticas da alienação* e da dominação de classe*. Situa-se, nos dois casos, no centro do projeto político de Marx.

No periódico *Anais Franco-Alemães* (1844), o conceito de emancipação é formulado por ocasião da crítica da Revolução Francesa e, de forma mais geral, da alienação política. Trata-se de apresentar a emancipação política como promessa de emancipação ainda não realizada, uma promessa de emancipação não apenas política, mas também social, ou humana (ver Humanismo). A partir do momento em que Marx definir o comunismo* não mais como superação do conjunto das alienações, ou como reapropriação pelo homem de sua própria natureza (ver Apropriação), mas como a superação da dominação de classe, o projeto político da emancipação mudará de natureza. A emancipação então será concebida principalmente como superação da estrutura de classes das sociedades, e Marx salientará que esta só pode resultar da autoemancipação* (reencontraremos este tema em *A internacional*, de Eugène Pottier, 1871).

Numerosos debates se desenvolveram a partir disso, com o objetivo de determinar que papéis o partido* e o Estado*, a autogestão* e o planejamento poderiam cumprir num processo de emancipação. Por outro lado, permanece a dúvida sobre como pensar a emancipação enquanto superação não apenas da dominação de classe, mas também das relações sociais de "sexo" e de "raça".

Esquerda

A origem da palavra "esquerda" no sentido político remonta à Revolução Francesa: na Assembleia Constituinte, os adversários do direito de veto real sentavam-se do lado esquerdo do semicírculo. Durante o século XX, o termo passa a designar, sobretudo, as correntes socialistas e comunistas procedentes do movimento operário, partidários de valores igualitários e críticos do capitalismo. Não se trata de um conceito com conteúdo preciso, mas antes de um termo que descreve uma posição relativa no "xadrez" político. Assim, nos anos do pós-guerra (1945), o Labour Party [Partido Trabalhista, do Reino Unido] era um partido de esquerda, dentro do qual existia a "esquerda do Labour", enquanto fora dele, ou seja, à esquerda do Labour, formações comunistas ou trotskistas ocupavam um espaço minoritário. A partir de 1989, o Labour e uma parte da socialdemocracia (ver Comunismo) deixará de se definir como "de esquerda", em prol da fórmula "Novo Centro". A distinção esquerda/direita, apesar de seu caráter impreciso, define ainda hoje o campo político na maior parte dos países do mundo.

O termo "esquerdismo" foi utilizado numa famosa brochura de Lênin, *Esquerdismo, doença infantil do comunismo* (1920), para criticar correntes minoritárias, no seio do movimento comunista, que eram contra a participação nas eleições e nos sindicatos considerados reformistas. Será utilizado novamente pelo Partido Comunista Francês durante (e após) o Maio de 68, para denunciar os grupos extraparlamentares da extrema esquerda (trotskistas*, maoístas* ou anarquistas).

A esquerda moderada é designada às vezes como *centro-esquerda*, enquanto a esquerda radical, ou extrema esquerda, define a si mesma como esquerda revolucionária, ou "esquerda da esquerda", ou ainda, mais recentemente, como *esquerda anticapitalista*.

Estado

Se, no *Manifesto do Partido Comunista* (1848), o Estado é definido simplesmente como "o poder organizado de uma classe para a opressão de outra", em *O 18 de brumário de Luís Bonaparte* (1852) encontra-se uma análise mais balizada: o aparelho de Estado, essa "imensa organização burocrática e militar", "pavoroso corpo parasita", pode destacar-se, ganhar autonomia em relação à sociedade — especialmente no caso do bonapartismo* —, mesmo que permaneça, em última análise, a serviço da classe dominante. Do mesmo modo, em *A origem da família, da propriedade privada e do Estado* (1884), Engels define o Estado como "um poder colocado aparentemente acima da sociedade", mas que serve para manter a "ordem" social e economicamente estabelecida.

A experiência da Comuna de Paris leva Marx à conclusão de que os trabalhadores não podem tomar conta do aparelho de Estado burguês, com suas estruturas militares e burocráticas hierárquicas, mas devem colocá-lo abaixo, substituindo-o por uma forma de poder operário que não seria mais um Estado no sentido estrito do termo (*A guerra civil na França*, 1871).

Essas ideias são reafirmadas, contra a social-democracia, em *O Estado e a revolução* (1917), de Lênin, que insiste na dimensão violenta do Estado e no fato de que a revolução deve destruí-lo. Sem se opor a Lênin, Antonio Gramsci desenvolve, em seus *Cadernos do cárcere*, dos anos de 1930, a tese de que o Estado é uma "hegemonia* blindada de coerção", e a classe revolucionária — especialmente nos países da Europa Ocidental — deve, antes de tomar o poder, ganhar a hegemonia na sociedade civil.

Fascismo

De origem italiana, a palavra *fascio* (feixe) designava o símbolo, tomado emprestado da Roma Antiga, adotado pelo Partido Nacional Fascista, fundado por Mussolini. Se os marxistas se opuseram ao fascismo desde o começo, não se pode dizer ao certo. Karl Kautsky fala de "degeneração fascista do bolchevismo" (*O bolchevismo no impasse*, 1931), enquanto os comunistas (stalinistas) caracterizam, durante os anos de 1928-1933, social-democracia (ver Comunismo) como "social-fascismo".

O termo será utilizado pelos marxistas para designar os traços comuns entre o fascismo italiano, o nazismo alemão, o franquismo espanhol, o austro-fascismo, o salazarismo português etc. Quando do VII Congresso da Internacional Comunista, em 1935, que adotará a tática da unidade antifascista, Georges Dimitrov proporá a seguinte definição: "Ditadura terrorista aberta dos elementos mais reacionários, mais chauvinistas, mais imperialistas do capital financeiro". Em seus escritos sobre o fascismo, Trotsky insistirá em sua oposição assassina, especialmente na Alemanha, a qualquer organização operária independente. A relação entre o fascismo e o grande capital será objeto de muitos trabalhos marxistas (Daniel Guérin). Os marxistas serão mais tarde acusados de ter subestimado as diferenças entre o fascismo italiano e o nazismo, cuja dimensão racista levou ao genocídio dos judeus e dos ciganos.

As múltiplas formas do fascismo e as motivações de seus partidários serão analisadas por marxistas freudianos como Wilhelm Reich e Erich Fromm, enquanto a Escola de Frankfurt — Theodor Adorno, Max Horkheimer, Herbert Marcuse — interessou-se pela personalidade autoritária como fundamento psíquico do racismo e do fascismo.

Nos últimos anos, pôde-se observar o desenvolvimento, na Europa, de movimentos de extrema direita, xenófobos e racistas, designados pela mídia e pela ciência política convencional como "populistas"; de acordo com a esquerda radical — marxista e anarquista —, trata-se de movimentos fascistas de um novo tipo.

Fetichismo da mercadoria

Introduzido na subseção do primeiro capítulo de *O capital*, intitulada "O caráter fetichista da mercadoria* e seu segredo", o conceito de "fetichismo" designa uma ilusão ligada à forma* fenomenal do valor.

Enquanto o valor, como expressão de uma quantidade de trabalho socialmente necessária, origina-se na atividade social dos homens, o valor de troca, forma fenomenal do valor, tende a apresentar o valor como uma qualidade que as mercadorias possuiriam "por natureza". Enquanto o caráter social de seu trabalho determina as relações de troca, o produtor de mercadorias passa a considerar, ao contrário, que é apenas porque ele se submete a essas relações que seu trabalho adquire tal caráter social. É essa dupla inversão que descreve o conceito de fetichismo: na troca, "uma relação social determinada dos próprios homens toma a forma fantasmagórica de uma relação entre coisas".

Como os deuses fetiches, assim, as mercadorias aparecem como possuidoras por natureza de um princípio imaterial (o valor de troca, que é diferente das propriedades materiais úteis que elas possuem), que governa as suas relações, bem como o conjunto do mundo natural e humano. Analisando essa "mistificação", inscrita na forma fenomenal do valor, Marx descreve a ilusão que governa a interação dos agentes econômicos e que se reproduz igualmente no discurso da economia política. Ele se empenha também em mostrar que o fetichismo constrói uma espécie de nebulosa própria ao modo de produção capitalista, que desaparecerá na sociedade comunista*.

As análises propostas por Marx nessa subseção ganharam posteridade considerável. Em Georg Lukács, a análise do fetichismo foi desenvolvida sob a forma da filosofia da reificação*, segundo a qual os processos sociais transformam o trabalho humano, e todos os elementos do mundo social e natural, em coisa. Em Walter Benjamin, a análise do fetichismo é feita no âmbito de uma investigação sobre a maneira pela qual o capitalismo produz uma série de *fantasmagorias do mercado* que assimilam o imaginário social, e que são trabalhadas pelas aspirações utópicas que visam à sua superação.

Filosofia

Encontram-se em Marx diferentes tipos de referência à filosofia. Nos *Anais Franco-Alemães* (1844), Marx começa por defender a ideia de "filosofia crítica*" (carta a Ruge, setembro de 1843). Apresenta um projeto de "realização da filosofia": "você não pode suprimir a filosofia sem realizá-la", nem "realizar a filosofia sem suprimi-la" (*Crítica da filosofia do direito de Hegel*, Introdução, 1844). A décima primeira das *Teses sobre Feuerbach* (1845) afirma: "Os filósofos apenas interpretaram o mundo de diferentes formas, o que importa é mudá-lo". E, mais radicalmente ainda, em *A ideologia alemã* (1846), Marx afirma: "É necessário sair de uma só vez [da filosofia] e pôr-se a estudar a realidade como homem comum". Em vista de tal crítica, não caberia dedicar à filosofia mais que a função de reflexão metodológica e síntese dos resultados das ciências.

Colocando dessa forma a questão da filosofia, Marx a entregou ao marxismo como problema. Os filósofos abordaram-na de diferentes maneiras. Enquanto Engels procurava esclarecer a grandeza das ideias filosóficas de Marx, parecia ao mesmo tempo reduzir a filosofia a simples síntese dos resultados das ciências da natureza. Em seguida, diferentes autores denunciaram o risco de liquidação da filosofia, destacando a importância teórica e política da sua função crítica (Karl Korsch). A maior parte dos filósofos marxistas atribuiu-se a tarefa de defender a filosofia, quer procurando indicar uma nova filosofia (Georg Lukács, Antonio Gramsci), quer realçando a originalidade de uma nova prática da filosofia (como na Escola de Frankfurt). Outros ainda procuraram explicitar o interesse filosófico do "corte" de Marx em relação à filosofia (Louis Althusser).

Formas

Em sua obra econômica, Marx faz grande uso do termo "forma". Nas traduções francesas, esse termo abrange diversas palavras alemãs. Aqui nos limitaremos ao uso mais corrente, por exemplo, quando Marx faz menção a "formas do valor" ou a "formas do capital". Nesse uso, uma expressão mais explícita é "forma de aparição" ou "forma fenomenal".

Marx estabelece, entre os conceitos da economia política, uma espécie de hierarquia. Certos conceitos, colocados muito no alto dessa hierarquia do processo de produção das ferramentas teóricas, manifestam-se através de outros, que são as *formas* de aparição. Marx acusa o economista vulgar (ver Economia) de não ultrapassar tais formas, que estão ligadas mais diretamente às práticas dos negócios. Ele não contesta a utilização de tais noções, das quais ele mesmo faz grande uso, mas denuncia a insuficiência da elaboração teórica restrita a elas.

É difícil vislumbrar essa hierarquia dos conceitos fora da sua prática. Por exemplo, o preço é uma forma do valor (ver Mercadoria). Marx introduz o conceito de *valor* da mercadoria como tempo de trabalho necessário à sua produção; os *preços* "manifestam", "refletem", "são a expressão" do valor das mercadorias, no sentido de que os preços ratificam, no mercado, a despesa do trabalho útil e de qualidade normal que o produtor realizou. Marx afirma que a noção de preço que não se funda sobre a de valor constitui uma noção "sem conceito".

Para além do preço forma do valor, o lucro* é uma forma da mais-valia*; o capital* possui as formas (aparece sob as formas...) de mercadoria, de dinheiro* ou dos elementos necessários para a produção (matérias-primas, força de trabalho, máquinas...) na oficina etc.

Guevarismo

O termo remete à pessoa e às ideias de Ernesto "Che" Guevara (1928-1967), médico argentino que se tornou comandante da guerrilha cubana, que, sob a direção de Fidel Castro, derrubou a ditadura de Fulgencio Batista em 1959. Ministro da Indústria no governo revolucionário, Che Guevara vai criticar o modelo econômico soviético em nome de uma concepção mais radical do comunismo*. Guevara se demitirá de suas funções, em 1965, para tentar impulsionar, na Bolívia, um novo movimento de guerrilha; em seu último documento, a "Mensagem à Tricontinental" (1966), expressa sua visão do combate na América Latina: "Não há nenhuma alternativa: revolução socialista ou caricatura de revolução*". Guevara será capturado e executado, em 8 de outubro de 1967, pela ditadura militar boliviana.

As ideias de Guevara, especialmente sobre o caráter socialista da revolução e sobre a guerra de guerrilhas como método de combate, serão adotadas por correntes da esquerda* revolucionária, sobretudo na América Latina. Vários desses movimentos, o Movimento da Esquerda Revolucionária (MIR), do Chile, o Exército Revolucionário do Povo (ERP), da Argentina, o Exército de Liberação Nacional (ELN), da Bolívia, e o Movimento de Libertação

Nacional Tupamaros, do Uruguai, vão fundar, em 1974, a Junta de Coordenação Revolucionária, que se apoiava no "Che" Guevara. A maior parte dos movimentos guevaristas será destruída no decorrer dos anos de 1970 pelas ditaduras militares do Cone Sul.

Nos últimos anos, na América Latina, pôde-se constatar, no entanto, uma influência difusa do guevarismo, num sentido mais geral de radicalidade revolucionária, por exemplo, no movimento zapatista de Chiapas ou no Movimento dos Trabalhadores Rurais Sem Terra (MST) do Brasil.

Hegemonia

Este conceito não aparece em Marx e Engels, mas, inicialmente, é usado pelos marxistas russos; primeiro por Georgy Plekhanov — a partir de 1887 — e seus camaradas da corrente menchevique, Julius Martov e Pavel Axelrod; e, em seguida, por Lênin e os bolcheviques. Refere-se à *direção*, pelo proletariado russo — e seu partido, social-democracia —, do processo revolucionário de luta e derrubada do absolutismo czarista, do qual participariam também outras classes e categorias sociais: o campesinato, os intelectuais e (para os mencheviques) a burguesia* democrática.

Com os *Cadernos do cárcere* de Antonio Gramsci, o sentido do termo será desenvolvido. Para o marxista italiano, todo Estado* é uma combinação de ditadura e hegemonia, ou seja, de coerção e dominação política, cultural e intelectual. Considerando que a sociedade civil no Ocidente não é, como no Oriente (Rússia), "primitiva e gelatinosa", mas uma "robusta cadeia de fortalezas e casamatas", constituída de instituições e organizações públicas e privadas, Gramsci atribui ao movimento operário a tarefa de investir na sociedade civil para se tornar hegemônico. Segundo ele, "a hegemonia pode e deve existir antes de se chegar ao governo"; trata-se, ao mesmo tempo, de uma estratégia para a conquista do poder político por meio de uma espécie de "guerra de posição" e de um método de exercício desse poder — que não pode se reduzir a uma "ditadura" — pelas forças proletárias. No contexto dessa estratégia, o ato revolucionário, a "guerra de movimento", era concebido como momento tático.

Em elaborações "pós-marxistas" do conceito de hegemonia (Ernesto Laclau, Chantal Mouffe), o aspecto revolucionário e o papel da classe operária são substituídos pelos projetos de "democracia radical" e de articulação de uma multiplicidade de sujeitos políticos.

História

A concepção materialista* elaborada por Marx e Engels se caracteriza pelo papel absolutamente central que a história cumpre. Daí a famosa máxima de *A ideologia alemã* (1846): "Conhecemos uma única ciência, a ciência da história". Ela se caracteriza pela preponderância dos fatores econômicos, assim como do papel das massas na história. Contrariamente às filosofias idealistas da história, Marx e Engels destacam, em *A sagrada família* (1845), que são os homens concretos, e não o espírito, que fazem a história, que o agir histórico tem por sujeito a massa, e não o indivíduo, e que as massas atuam na história por meio de episódios revolucionários. *A ideologia alemã* dirá, nesse sentido, que "não é a crítica*, mas a revolução que é a força motriz da história".

A análise da história é desenvolvida por Marx de dois pontos de vista complementares. De um lado, na introdução da *Contribuição à crítica da economia política* (1859), Marx argumenta que a história se explica pela dialética* das forças produtivas e das relações sociais de produção (ver Modo de produção). Por outro lado, o *Manifesto do Partido Comunista* (1848), como também os escritos históricos, enfatiza o papel da luta* de classes: "A história de todas as sociedades que existiram até nossos dias tem sido a história das lutas de classes".

No marxismo, esses dois pontos de vista entrarão em oposição um ao outro. Enquanto o economicismo da II Internacional (ver Internacionalismo) levava a relativizar o papel da luta de classes, Antonio Gramsci sustentará o contrário, em seu artigo, redigido em 1917, "A revolução contra *O capital*": que a Revolução Russa constitui uma contestação da supervalorização dos fatores econômicos, e, desse modo, de algumas das teses de Marx em *O capital*.

Se é verdade que os diferentes setores do marxismo estão de acordo em reconhecer que a teoria e a política de Marx baseiam-se numa concepção materialista da história, também é verdade que a seguinte questão continua em aberto: O materialismo histórico deve antes ser interpretado como autorreflexão do movimento operário sobre sua situação histórica específica (Antonio Labriola), ou como uma "ciência da história", ou mesmo como a descoberta do "continente história" (Louis Althusser)?

Humanismo

Nos *Manuscritos econômico-filosóficos de 1844*, Marx define sua posição filosófica como humanismo e naturalismo. Em seguida, em *A sagrada família* (1845), como "humanismo real". O princípio do seu humanismo encontra-se na crítica* da religião* desenvolvida nos *Anais Franco-Alemães* (1844): as perfeições divinas são apenas as perfeições do ser humano considerado como ser coletivo. Os conceitos de humanismo naturalista, ou de humanismo real, resultam da vontade de apreender as perfeições do ser humano como potências que constituem o prolongamento da natureza no homem, e que se atualizam na interação com a natureza (pelo trabalho e na história). Nesses textos, a função do conceito de humanismo é fornecer um princípio filosófico geral, mas também desenvolver a crítica de um mundo social que reduz o homem, tornando-o "um ser diminuído, dominado, abandonado, desprezível" (*Crítica da filosofia do direito de Hegel*, Introdução, 1844). O humanismo de Marx permite defender o comunismo* como reapropriação (ver Apropriação) das perfeições humanas.

Em *A ideologia alemã*, a concepção materialista* da história* polemiza com todas as tentativas filosóficas que visam a fazer do "homem" um princípio de explicação universal, e propõe uma definição alternativa do comunismo, como sendo o "movimento efetivo que extingue a ordem atual das coisas". Este é concebido, não tanto como realização da natureza humana, mas como a aparição de um tipo de homem diferente do que é moldado pela sociedade capitalista. Marx determina que a sociedade comunista pressupõe uma transformação dos homens que apenas a revolução é capaz de produzir.

O marxismo conservaria uma ou outra dessas duas abordagens, combinando-as de diferentes maneiras. No "humanismo revolucionário", como o de Che Guevara, trata-se de destacar que a supressão das contradições do capitalismo, unicamente, não é suficiente para tornar a emancipação possível, e que a transformação social deve ser guiada pela necessidade de satisfazer às aspirações fundamentais da humanidade. O humanismo revolucionário não repousa, portanto, sobre a crença ingênua numa natureza humana. Pelo contrário, a transformação dos homens — na qual se crie o que Che Guevara, assim como Mao, chama de "homem novo" — permanece sendo uma das condições para a sociedade comunista. Louis Althusser, pelo contrário, procurou mostrar que a posição filosófica de Marx caracterizava-se como "anti-humanismo teórico", enfatizando que o princípio do "homem" era insuficiente, ou mesmo mistificador, tanto do ponto de vista estritamente teórico, como em suas consequências políticas.

Ideologia

O termo foi utilizado pela primeira vez em 1796, pelo pensador de inspiração científica Antoine Destutt de Tracy, para designar uma "ciência das ideias", que seria "dependência da fisiologia". Hostil a Tracy e a seus amigos, Napoleão utilizará a palavra, em sentido pejorativo, para designar teóricos afastados da realidade. É antes nesse segundo sentido que o conceito aparece em Marx, especialmente em *A ideologia alemã* (1846), quando ele designa o conjunto das ideias e representações — moral*, religião*, filosofia*, metafísica, doutrinas políticas — e, ao mesmo tempo, uma imagem invertida das relações sociais, na qual são essas ideias e representações que determinam a história real. No célebre prefácio à *Crítica da economia política* (1859), a ideologia — também designada como "superestrutura ideológica" (ver Base) — é definida como "o reflexo multiforme nos espíritos" da história das relações sociais. Em *O 18 de brumário de Luís Bonaparte* (1852), a palavra não aparece, mas fala-se de uma "superestrutura de impressões, de ilusões, de maneiras de pensar" criada pelas classes sociais, baseada nas relações sociais existentes.

Em Lênin e, em seguida, no movimento comunista, o conceito perde a dimensão pejorativa, sendo discutido em termos de "ideologia proletária", "nível ideológico" ou "trabalho ideológico". O sociólogo Karl Mannheim fará a contraposição entre as ideologias — sistemas de representação dedicados à conservação da ordem — e as utopias — ideias de vocação subversiva (*Ideologia e utopia*, 1929). Por último, em seus trabalhos dos anos de 1960, Louis Althusser vai distinguir, por meio de estrito "corte epistemológico", a ciência e a ideologia: enquanto a obra de maturidade de Marx é da competência da primeira, seus escritos de juventude situam-se, como os de Ludwig Feuerbach e os dos jovens hegelianos, no campo da segunda.

Imperialismo

O conceito geral de imperialismo, como o do "imperialismo romano", designa hierarquias internacionais em que países mais avançados dominam e "exploram", por diversos mecanismos, países menos avançados. O conceito moderno aparece no século XX, com a obra pioneira de John Atkinson Hobson, *Imperialismo* (1902), que destaca a relação entre a dinâmica imperialista e a passagem do capitalismo de livre concorrência ao capitalismo monopolista. Rudolf Hilferding, economista marxista austríaco, publica, em 1910, *O capital financeiro*, que explica o desenvolvimento imperialista pela fusão do capital industrial e do capital financeiro, sob a dominação deste último. Logo depois, Rosa Luxemburgo, em *A acumulação do capital* (1911), analisa a expansão colonial e imperialista como resultado da necessidade do capital de conquistar os mercados e as economias pré-capitalistas. Por último, fazendo uma síntese, mais centrada na política, dos trabalhos de Hobson e de Hilferding, bem como os de Nikolai Boukharine e outros, Lênin publica, em 1916, *Imperialismo, fase superior do capitalismo*, que se tornará a obra de referência para os militantes marxistas. Lênin propõe a seguinte definição: "O imperialismo é o capitalismo que chegou a uma fase de desenvolvimento na qual se afirmou a dominação dos monopólios e do capital financeiro, na qual a exportação de capitais adquiriu uma importância de primeiro plano, na qual a divisão do mundo começou entre os trustes internacionais e na qual foi concluída a divisão de todo o território do globo entre os maiores países capitalistas".

Após 1945, a teoria marxista do imperialismo foi atualizada pelos trabalhos de Paul M. Sweezy e Paul Baran sobre o capital monopolista, especialmente o norte-americano; de Ernest Mandel, sobre o capitalismo tardio, dominado pelas sociedades multinacionais; pelos trabalhos da teoria da dependência sobre a América Latina e o "desenvolvimento do subdesenvolvimento" (André Gunder-Frank), e, por último, por Immanuel Wallerstein, a propósito do sistema-mundo capitalista.

Indivíduo

Em Marx, o conceito de indivíduo opera no plano da antropologia, da teoria social e da caracterização do comunismo. Sua função antropológica é dupla. Por um lado — contra Hegel, Ludwig Feuerbach e a maior parte dos jovens hegelianos —, Marx luta contra qualquer forma de hipóstase da humanidade, afirmando que o "homem" não é outra coisa senão o conjunto dos indivíduos. Por outro lado, contra Max Stirner e as diferentes formas de individualismo, contesta que os indivíduos sejam comparáveis a átomos, afirmando que "o indivíduo é um ser social".

Reencontramos esse duplo movimento em sua teoria social: "Indivíduos que produzem em sociedade — [...] este é naturalmente o ponto de partida" (*Grundrisse*, 1857-1858). Contra as robinsonadas*, que reduzem a sociedade a uma agregação de comportamentos individuais independentes, Marx insiste no fato de que os indivíduos são sempre "subordinados" a relações sociais determinadas. Mas contesta igualmente que as relações sociais possam existir independentemente dos indivíduos, que são os portadores delas.

O conceito de indivíduo permite também descrever os desafios da passagem do capitalismo ao comunismo*. Em *A ideologia alemã* (1846), Marx apresenta as diferentes individualidades históricas como individualidades incompletas ou contingentes, e o comunismo como a instituição do indivíduo "como indivíduo" ou "indivíduo pessoal". Em *O capital*, explica ainda que as condições da produção capitalista "mutilam o produtor [...], degradando-o à categoria de acessório anexo à máquina". Ao comunismo, pelo contrário, caberá a tarefa de substituir "o *indivíduo* parcial, simples suporte de uma função social supérflua, por um indivíduo completamente desenvolvido".

É sem dúvida Theodor Adorno quem foi mais fiel à dupla função, crítica e utópica, conferida por Marx ao conceito de individualidade. No plano crítico, Adorno efetivamente procurou analisar as diferentes formas de destruição da individualidade pela sociedade contemporânea. Ele esboçou a perspectiva utópica* de uma sociedade que respeita a singularidade irredutível de cada um, ao mesmo tempo em que favorece as relações multiformes que cada um mantém em seu ambiente afetivo, social e natural.

Internacionalismo

No *Manifesto do Partido Comunista* (1848), os comunistas* são definidos como os que, "nas diversas lutas nacionais dos proletários, destacam e fazem prevalecer os interesses comuns do proletariado, independentemente da nacionalidade [...] os interesses do movimento em seu conjunto". Por isso a famosa palavra de ordem final: "Proletários de todos os países, uni-vos!". A fundação da I Internacional em 1864, com a participação ativa de Marx, é a primeira tentativa de traduzir essa unidade na prática. Marx saúda o espírito internacionalista da Comuna de Paris de 1871, da qual algumas das lideranças eram participantes estrangeiros. Se, na I Internacional, as correntes marxistas e anarquistas disputavam a hegemonia — conflito que levará à sua dissolução —, já na II Internacional, fundada em 1889 com a participação de Engels, reclama-se marxista. O apoio dos principais partidos social-democratas (ver Comunismo) a seus respectivos governos, quando da guerra de 1914-1918, conduzirá à sua decomposição; após a Revolução de Outubro, é fundada, em 1919, a III Internacional, ou Internacional Comunista, dominada, desde a origem, pelo Partido Bolchevique russo. Depois da morte de Lênin (1924) e da adoção do "socialismo num só país", a III Internacional é submetida, cada vez mais, à política da direção soviética stalinista, o que não impediu manifestações autênticas de internacionalismo, como as Brigadas Internacionais na Espanha (1936-1938). Os oponentes comunistas de Stálin que se organizavam ao redor de Trotsky fundam em 1938 a IV Internacional.

Os anos de 1960 são marcados por uma renovação do internacionalismo, especialmente em torno da Solidariedade Tricontinental (África, Ásia, América Latina). Mais recentemente, é o movimento altermundialista — nascido com a Conferência "Intergalática", organizada pelos zapatistas em 1996, e com as manifestações de Seattle, contra a Organização Mundial do Comércio (1999) — que representa a principal manifestação de internacionalismo; os marxistas são apenas um dos componentes.

Juros e capital de empréstimo

O estudo dos juros em *O capital* dá-se principalmente quanto aos juros pagos pelas empresas a detentores de capitais, que colocam seus capitais à disposição dessas empresas, sem se comprometerem ativamente. Marx trata também dos juros pagos pelo Estado sobre os empréstimos públicos, em seu estudo do capital fictício*, e da "usura", mas aqui nos limitaremos ao primeiro caso.

Estão em jogo duas categorias de capitalistas. O *capitalista ativo*, que emprega o capital e executa o que Marx chama de "funções capitalistas", o que atualmente seria a "gestão". Essas tarefas capitalistas abrangem a compra dos meios de produção — prédios, matérias-primas, máquinas e força de trabalho —, a venda das mercadorias, a organização da produção e outras tarefas, como a contabilidade. O capitalista do segundo tipo atua apenas no adiantamento do capital que põe à disposição do capitalista ativo. O vocabulário utilizado por Marx é pouco preciso. Ele designa este último capitalista como "capitalista de dinheiro" ou "credor". A principal modalidade da disponibilização de fundos é, de fato, o *empréstimo*, mas Marx inclui na rubrica "capital de empréstimo" as ações adquiridas por tais capitalistas. O empréstimo é remunerado pelos *juros*; e as ações adquiridas nas sociedades, pelos dividendos. É o capitalista ativo que paga os juros e os dividendos aos capitalistas de dinheiro. A parte restante do lucro*, após esse pagamento, é o *lucro da empresa* (o lucro do empresário, ou capitalista ativo).

Os juros, os dividendos e o lucro da empresa são frações da mais-valia*. Marx sustenta que não há "lei" que determine o valor da taxa de juros. Trata-se de uma "partilha" entre o capitalista ativo e o credor. Mas em outras passagens, ele mostra que a taxa de juros varia ao longo das fases do ciclo industrial. A ausência de lei não impede que haja uma média, para além de tais flutuações.

No livro III de *O capital*, Marx desenvolve uma análise muito elaborada, embora inacabada, das sociedades por ações. Ele mostra como o capitalista ativo representa o "capital-função", embora participe também do emprego de capital; e o capitalista de dinheiro, o "capital-propriedade". Devido a suas tarefas, o capitalista ativo considera-se um trabalhador, e pode, como tal, remunerar-se por meio de um salário. Isso se torna tão natural que esse capitalista acaba se desencarregando das tarefas de gestão, passando-as aos diretores assalariados, que não exercem qualquer propriedade sobre o capital. Marx se aproxima da descrição de uma configuração muito avançada institucionalmente, em que os capitalistas de dinheiro adiantam o capital, e as tarefas de gestão são executadas por assalariados.

Leninismo

A palavra começou a ser utilizada apenas após a morte de Lênin, em 1924. Pode-se considerar que a sua teoria do partido* de vanguarda, sua análise do imperialismo* como fase superior do capitalismo, seus escritos sobre o direito de autodeterminação das nações*, enfim, suas reflexões sobre a revolução*, o poder dos sovietes (ver Conselhos) e a ditadura do proletariado* constituem uma variante específica do marxismo, que corresponde à época de guerra e revolução que começa em 1905.

Em abril-maio de 1924, Joseph Stálin dá uma série de conferências na Universidade de Sverdlovsk, o que depois publica numa brochura intitulada *Princípios do leninismo*. Eis a definição que propõe: "O leninismo é a teoria e a tática da revolução proletária em geral, a teoria e a tática da ditadura do proletariado, em especial". A brochura constitui uma codificação simplificada e dogmática de certas afirmações do líder bolchevique: as ideias filosóficas e políticas de Lênin, em constante movimento, são transformadas num *corpus* de doutrina rígida, o "marxismo-leninismo". Com o passar dos anos, Stálin fará várias retomadas das "questões do leninismo", cada vez com uma inflexão mais autoritária.

Trotsky e os seus partidários também reivindicam o leninismo; definem-se, nos anos de 1920 e no início dos anos de 1930, como corrente "bolchevique-leninista". As polêmicas entre as duas correntes comunistas — stalinista e trotskista —, relativas ao "socialismo num só país", ou sobre a "revolução permanente", tomam a forma de uma batalha pela herança de Lênin.

A partir dos anos de 1960, Mao Tsé-Tung também vai referir-se a Lênin, em sua polêmica contra Khruchtchev e a direção soviética. A corrente maoista no mundo inteiro vai designar-se como "marxista-leninista" (ver Maoismo).

Liberdade

As palavras que Marx e Engels utilizam para falar do proletariado* no *Manifesto do Partido Comunista* (1848) são frequentemente políticas e se referem à ausência de liberdade: é uma classe *oprimida*, que nada tem a perder, salvo os seus *grilhões*. A revolução é definida em vários de seus escritos como autoemancipação*, ou seja, autolibertação. Num primeiro nível, essa libertação refere-se à dominação burguesa, tanto econômica, como política; mas, de maneira mais profunda, trata-se da libertação em relação ao próprio capital, constituído em poder alienado (ver Alienação), força estranha e hostil que escapa ao controle dos indivíduos e os submete à sua dominação despótica. O princípio de autolibertação vale também para outros grupos oprimidos, como os escravos, cuja revolução haitiana (Toussaint L'Ouverture) foi estudada pelo marxista negro Cyril Lionel Robins James, no livro *Os jacobinos negros* (1938).

O comunismo/socialismo (ver Comunismo) é definido por Marx em *O capital* como "reino da liberdade", em referência às livres atividades humanas que se desabrochariam "para além da esfera da produção material propriamente dita"; é a *redução de tempo de trabalho* que abre caminho para esse reino da liberdade, permitindo o livre desenvolvimento dos seres humanos e de suas capacidades, em "todos os sentidos".

Para muitos marxistas — especialmente no movimento comunista —, a liberdade pode ser sacrificada em proveito de um valor mais importante, a igualdade. Tal não era a impressão da marxista Rosa Luxemburgo, que, em sua brochura sobre a Revolução Russa, redigida numa prisão alemã em 1918, escrevia estas palavras proféticas: "A liberdade apenas para os partidários do governo, apenas para os membros do partido, por muitos que sejam, não é a liberdade. A liberdade é sempre liberdade para o que pensa diferente. [...] Sem liberdade de imprensa e de reunião ilimitada, sem uma disputa de opiniões livre, a vida vegeta e murcha em todas as instituições públicas, e a burocracia torna-se o único elemento ativo".

Lucro

O lucro é a diferença entre o preço de venda de uma mercadoria* e as despesas ou custos ocasionados por sua produção ou sua venda. Assim como os preços são as formas* do valor, os lucros são as formas das mais-valias* realizadas pelas diferentes empresas. No formalismo que Marx utiliza, a taxa de lucro é a relação entre o lucro e os custos de produção. Nessa relação, a mais-valia realizada é comparada com o capital global, constante e variável (ver

Mercadoria), diferentemente da taxa da mais-valia (m/v), que está relacionada apenas ao capital variável. Com as notações m para a mais-valia, c para o capital constante, v para o capital variável, r para a taxa de lucro, escreve-se:

$$r = m \ / \ (c + v)$$

A taxa de lucro é assim definida num contexto analítico onde são considerados apenas os fluxos de capital e de lucro, contexto no qual Marx mais frequentemente se coloca, a fim de simplificar.

O livro II de *O capital* introduz o conceito da coexistência simultânea das formas do capital (ver Circulação do capital) e, por conseguinte, do total do capital existente (um estoque), em determinado momento. Nesse contexto, a taxa de lucro relaciona o fluxo de lucro durante um período ao valor médio do estoque de capital.

De maneira geral, Marx via na taxa de lucro uma variável central da dinâmica da produção capitalista. Pode-se formular essa ideia de forma simples. De modo completamente independente do destino dos trabalhadores, se a *rentabilidade do capital*, medida pela taxa de lucro, for assegurada, se ela não cair (em flutuações rápidas ou tendenciais), as coisas dão certo (ver Tendência; Crise). E dão errado quando a rentabilidade do capital fica comprometida.

Marx apresenta, no livro III de *O capital*, o juro*, que é a fração de lucro que uma empresa paga aos credores. Isso o leva a definir o lucro de empresa, que é o lucro depois de diminuídos os juros pagos.

Luta de classes

Trata-se sem dúvida do conceito mais importante da teoria marxista da história. Sua formulação clássica encontra-se nas palavras que abrem o *Manifesto do Partido Comunista* (1848): "A história de todas as sociedades até os nossos dias é a história da luta de classes. Homem livre e escravo, patrício e plebeu, barão e servo, dirigente de uma corporação e companheiro, numa palavra, opressores e oprimidos estiveram em constante oposição, travaram uma luta ininterrupta, às vezes dissimulada, às vezes franca". Numa nota de 1890, Engels esclarece: trata-se da história *escrita*. Os trabalhos de Georg Ludwig Maurer e Lewis Henry Morgan mostraram a existência de sociedades comunistas primitivas*, sem classes e, portanto, sem luta de classes. É interessante observar que a luta coloca em oposição "opressores e oprimidos", em termos políticos, não meramente econômicos.

Marx reconhece, numa carta de 1852 a seu amigo Joseph Arnold Weydemeyer, que não tinha o mérito de ter descoberto a existência das classes sociais e de sua luta. Com efeito, encontra-se o conceito em historiadores franceses como Augustin Thierry, e, sobretudo, como mostrou Henri Desroche, em *A exposição da doutrina saint-simoniana*, de 1829. Mas o conceito, em Marx, torna-se livre das conotações raciais do primeiro, e do evolucionismo do segundo.

A luta de classes ocupa um lugar essencial nos trabalhos históricos de Marx e de Engels, seja em *As guerras camponesas na Alemanha* (1850), de Engels, ou em *As lutas de classes na França* (1850), *O 18 de brumário de Luís Bonaparte* (1852) e *A guerra civil na França* (1871), de Marx. A luta que opõe o proletariado à burguesia* está no centro da análise histórica, mas o papel de outras classes ou frações de classes é levado em consideração. Marx parece acreditar, no *Manifesto*, que a queda da burguesia e a vitória do proletariado "são igualmente inevitáveis", mas, em outra passagem, constata que a luta de classes pode resultar tanto numa transformação revolucionária da sociedade, como na "ruína comum das classes em luta".

Mais-valia

O conceito central da teoria da valorização do capital* é o de *mais-valia*. No plano quantitativo, a mais-valia designa o montante do crescimento do capital resultante da atividade capitalista ao longo de um período. Ela é medida em valor, como o próprio capital. Cabe resolver o mistério desse crescimento.

Marx supõe inicialmente que as mercadorias* sejam trocadas por seus preços normais, ou seja, nas hipóteses simplificadoras pelas quais o livro I de *O capital* se desenvolve, a preços proporcionais a seus valores. Se nas relações entre capitalistas, ou entre capitalistas e consumidores finais, todas as mercadorias fossem trocadas a tais preços, não haveria, aparentemente, lugar para crescimento: o valor seria transmitido, passando de uma mão a outra.

Marx explica então que existe uma mercadoria específica cujo *uso* cria valor: a *força de trabalho* do trabalhador. Essa capacidade de trabalhar é tratada como mercadoria, o que significa que ela tem uma utilidade e um valor. A sua utilidade, isso a que ela serve do ponto de vista de seu comprador, é o trabalho: o capitalista faz o trabalhador trabalhar. O seu valor é o tempo de trabalho necessário à sua própria produção, definido como o tempo necessário para a produção das mercadorias que o trabalhador pode comprar, seu poder de compra dos bens que Marx denomina de "subsistência" (para o trabalhador e a sua família, considerando que vários membros dessa família podem trabalhar). Prefere-se, às vezes, o termo "reprodução" ao termo "produção" da força de trabalho. Como qualquer mercadoria, esta tem um preço: o salário*.

O mistério da mais-valia resolve-se, então, pela constatação de que o trabalhador é suscetível a trabalhar mais horas do que requer a produção de bens que ele pode adquirir. Essas horas de *sobretrabalho* são a origem da *mais-valia*.

O poder de criar valor no capitalismo é próprio da força de trabalho. A esse respeito, Marx chama de "capital variável" a fração do capital que serve para comprar essa força; ao mesmo tempo, chama de "capital constante" as outras frações, como a parte do capital que serve para comprar matérias-primas ou máquinas. A relação quantitativa entre a mais-valia, m, e o capital variável, v (que é a fonte dela), é o *taxa da mais-valia*: m/v.

Há apenas uma mais-valia, mas ela pode ser aumentada de duas maneiras. Entre o capitalista e o trabalhador, uma relação de força determina a *duração da jornada de trabalho*. Se as condições técnico-organizacionais de produção e o poder de compra do salário estiverem dados, a mais-valia aumenta com a duração da jornada de trabalho. É o que Marx denomina "mais-valia absoluta". Mas a mais-valia pode aumentar de outra maneira, que se origina na redução do tempo de trabalho necessário para a produção da subsistência dos trabalhadores: se a transformação das condições de produção permitir um aumento da produtividade do trabalho (mais bens para o mesmo número de horas), e se o poder de compra do trabalhador não for aumentado suficientemente para lhe dar o benefício desse crescimento. Esse mecanismo é denominado "mais-valia relativa".

Marx insiste no fato de que as transformações das condições de produção, na manufatura e na grande indústria (ver Cooperação), têm por objeto o aumento da mais-valia e da sua taxa. Nas análises do livro I, Marx antecipa, superficialmente, o que será desenvolvido no livro III, no qual se vê que o capitalista, na verdade, maximiza a sua taxa de lucro*, da qual a taxa da mais-valia é apenas um dos determinantes.

Maoismo

Do nome de Mao Tsé-Tung (1893-1976), principal líder da Revolução Chinesa. Mao foi um dos fundadores do Partido Comunista Chinês em 1921, e um dos primeiros a compreender o potencial revolucionário dos camponeses chineses. Vai travar, a partir de 1927, a luta contra o regime do Kuomintang (Partido Nacionalista Chinês, de Chiang Kai-shek) e, de 1937 a 1945, a guerra de libertação contra o imperialismo japonês. Por fim, em 1949, o Exército de Libertação Popular toma o poder, e Mao proclama a República Popular da China, inspirada no modelo político da URSS (sem o terror dos expurgos stalinistas): estatização dos meios de produção, partido único, direção autoritária do partido. Divergências com a URSS começam a aparecer a partir de 1956, quando Khrushchov publica seu relatório que denuncia o stalinismo: Mao Tsé-Tung, com algumas reservas, defende a herança de Stálin. É a partir dessa época que o maoismo se constitui como corrente distinta no movimento comunista internacional. Após o fracasso do "Grande Salto Adiante" (1958-1959), Mao fica numa situação difícil dentro do Partido e lança, em 1966-1969, a Revolução Cultural, que mobiliza trabalhadores e jovens — os "Guardas Vermelhos" — contra os "direitistas", em nome de uma transformação ideológica radical, deixando numerosas vítimas. Após a morte de Mao Tsé-Tung, cujo corpo, contudo, foi preservado, seus partidários são eliminados do poder, e Deng Xiaoping inicia um processo de reformas econômicas que volta a dar ao setor capitalista um papel dominante.

O maoismo, como corrente política, é bastante heterogêneo. Na Europa, uma vertente sua se proclama "marxista-leninista"; há outra mais "espontaneísta", que teve importante influência na França e na Itália no final dos anos de 1960, desaparecendo nos anos de 1970. Nos países do Sul — da Ásia, da África, da América

Latina —, os maoistas vão, sobretudo, dirigir movimentos de guerrilha campesina.

Marxismo ocidental

A expressão designa certos pensadores marxistas da Europa Ocidental, que se opuseram à ortodoxia marxista soviética ("oriental"), especialmente Georg Lukács, Karl Korsch, Antonio Gramsci, Ernst Bloch e a Escola de Frankfurt. Maurice Merleau-Ponty foi o primeiro a utilizar o conceito, em seu livro *As aventuras da dialética* (1955), mas ele se refere apenas ao livro de Lukács, *História e consciência de classe* (1923). A tentativa mais sistemática de dar conta do conceito é o livro de Perry Anderson, *Sobre o marxismo ocidental* (1976). Para Anderson, pertencem a essa corrente — que ele delimita segundo critérios ao mesmo tempo geográficos e de geração — não somente os autores citados acima, mas também Henri Lefebvre, Lucien Goldmann, Jean-Paul Sartre e Louis Althusser. Apesar de suas diferenças, esses pensadores teriam certos traços comuns: o deslocamento do interesse na economia e na política* para a filosofia*; o corte entre a teoria e a prática; uma concepção pessimista da história; análises sutis e inovadoras da cultura. No conjunto, o marxismo ocidental seria uma tradição intelectual formada num período de derrota e, por conseguinte, de afastamento das massas e da luta política pelo socialismo (ver Comunismo) — apesar da sua orientação anticapitalista.

Contudo, como Anderson mesmo percebe, isso se aplica apenas aos anos posteriores a 1945; durante o período seguinte a 1917, pensadores como Lukács, Korsch e, sobretudo, Gramsci encontram-se diretamente ligados ao movimento operário e aos grandes levantes revolucionários de sua época. Essa observação mostra os limites de qualquer tentativa de encontrar terreno comum no que se refere a um conjunto tão diverso de autores. Isso posto, é inegável que existe uma afinidade teórica, política e filosófica entre os "marxistas ocidentais", Lukács, Korsch, Bloch e Gramsci, cuja influência foi exercida sobre a Escola de Frankfurt e, além disso, até os nossos dias.

Materialismo

O sentido do materialismo de Marx encontra-se numa série de polêmicas com o idealismo, considerado o primado nas ideias sobre o real: crítica* da análise idealista da ação (materialismo prático), crítica das concepções idealistas da história* (materialismo* histórico), crítica da concepção idealista da dialética* (dialética materialista).

Nas *Teses sobre Feuerbach* (1845), Marx apresenta a sua própria filosofia* como "novo" materialismo. No ponto em que a ação é interpretada pelo idealismo como atividade subjetiva, Marx coloca, do materialismo, o papel determinante das "circunstâncias", ou as condições naturais e sociais da prática. A noção de prática* (*Práxis*) designa precisamente a atividade humana, condicionada pelas condições materiais independentes dela, e, no entanto, passíveis de serem alteradas por ela. O novo materialismo será denominado, em *A ideologia alemã* (1846), "materialismo prático".

Na "concepção materialista da história" que esta última obra desenvolve, a noção de materialismo, outra vez, busca o seu sentido numa crítica do idealismo: a das concepções idealistas da história. De alcance essencialmente polêmico, essa concepção materialista designa um projeto, mais que uma doutrina: trata-se de levar o estudo da história à sua base econômica, e de deixar de vê-la como o simples desenvolvimento de princípios abstratos. Mas trata-se, obviamente, do projeto de uma ciência materialista da história, que será designada precisamente "materialismo histórico", no marxismo.

No posfácio de *O capital*, a ideia de dialética materialista designará novamente uma operação crítica: "O meu método dialético não é somente diferente do de Hegel, é exatamente o seu oposto [...]. No dele, a dialética encontra-se de cabeça para baixo. É necessário desvirá-la para descobrir o cerne racional dentro do invólucro místico". Aqui, a ideia de "materialismo dialético" sustenta-se na transformação dessa crítica em doutrina.

Será um objetivo constante dos filósofos marxistas tentar definir a natureza do materialismo de Marx, e tomar partido entre as seguintes alternativas: Deve-se fundar o materialismo sobre as leis da matéria (Engels, Plekhanov, Lênin), ou, ao contrário, apenas sobre a consideração dos condicionamentos histórico-sociais da ação e das representações (Antonio Labriola, Georg Lukács, Antonio Gramsci)? Deve-se conceber o materialismo de Marx como princípio de uma ciência e de uma filosofia (Louis Althusser), ou apenas como princípio de uma crítica da ideologia e das ilusões que ela propaga (Theodor Adorno)?

Mercadoria e valor

Marx analisa a mercadoria como algo dúbio: valor de uso e valor de troca. Nesse ponto, segue os economistas* clássicos ingleses. Isso significa que, quando o economista faz referência a uma "mercadoria", atribui a esse objeto duas propriedades: por um lado, o fato de ser desejável por agentes que querem obtê-la (independentemente da natureza desse desejo, louvável ou não, benéfico ou nefasto...); por outro, o fato de poder ser reconhecida no mercado como parcela do trabalho social (ou seja, do conjunto da sociedade). Marx utiliza estes termos, valor de uso ou valor de troca, mas indica que uma terminologia mais rigorosa seria "objeto de utilidade" e "valor".

O fato de os produtos do trabalho se tornarem mercadorias supõe que sejam fabricados para serem apresentados num mercado, para serem trocados. É o resultado de um conjunto de práticas sociais. A transformação geral dos produtos em mercadorias só se realiza plenamente no modo de produção capitalista.

O estudo da utilidade, ou seja, a análise das propriedades que tornam os objetos desejáveis, está fora do campo da economia política. Em contrapartida, o estudo do valor é um tema central. De acordo com a teoria do valor de Marx, dita "teoria do valor-trabalho", o valor chega às mercadorias como cristalização de uma fração do trabalho social, e o poder de criar valor é próprio desse trabalho. O reconhecimento do trabalho no mercado faz a abstração de suas características concretas, das características do trabalho do ferreiro ou do pedreiro (ver Trabalho).

Essa definição do valor como trabalho necessário à produção das mercadorias é chamada por Marx de "lei do valor". A lei não estipula que as mercadorias terão preços proporcionais ao seu valor. Esta última propriedade é designada como "lei da troca" mercantil, ou seja, a lei que rege as trocas numa economia em que os produtos do trabalho são mercadorias, mas as relações de produção capitalistas não são dominantes. Numa economia capitalista, prevalece outra lei de trocas a preços proporcionais ao que Marx chama de "preços de produção" (ver Concorrência). Independentemente de qual seja a relação quantitativa entre o valor e os preços, os preços são formas* do valor, e a teoria do valor-trabalho é essencial para a análise da exploração (ver Mais-valia) no capitalismo (embora as mercadorias não sejam trocadas a preços proporcionais aos valores).

Marx não trata (ou trata muito perifericamente) dos serviços, cujo uso é concomitante à prestação, o que não altera a análise fundamental, salvo o fato de que os serviços não podem ser acumulados.

Método

A questão do método é abordada por Marx por intermédio do "método da economia política" e do "método dialético*".

Na época dos *Grundrisse* (1857-1858), Marx tencionava fazer-lhe uma introdução que apresentasse os princípios do materialismo histórico e o método da economia política. É nesse contexto que ele dedica um desenvolvimento ao "método da economia política". Marx coloca que o método que consiste em remontar, pela análise dos fenômenos empíricos, a princípios abstratos é certamente necessário numa primeira fase de desenvolvimento da economia política, mas é cientificamente insuficiente. É por isso que a crítica da economia política adota o percurso que consiste em reconstruir os fenômenos empíricos sob a forma de "concreto* pensado", partindo dos princípios abstratos (ver Abstração). Mas dois anos mais tarde, no prefácio da *Contribuição à crítica da economia política* (1859), Marx declara renunciar ao projeto de tal introdução.

Na mesma época, fortemente influenciado por uma releitura da *Ciência da lógica*, de Hegel, Marx considera igualmente o método dialético como peça essencial da crítica da economia política, ao ponto de planejar a redação de uma crítica da dialética hegeliana (carta a Engels, em 14 de janeiro de 1858). No posfácio de *O capital*, afirmando que adota um "método dialético", Marx esclarece que a "dialética" é para ele um "modo de exposição", e não um "método de investigação". Em que consiste o método dialético? Marx deixou essa resposta à sombra, sem dúvida porque, definitivamente, a diligência científica não pode ser submetida a critérios metodológicos fixados *a priori*.

Numerosos marxistas, Engels em primeiro, procuraram tornar precisa a natureza do método dialético de Marx, mas outros consideraram, pelo contrário, que a ideia de dialética em Hegel estava ligada a uma rejeição de métodos. Contra o marxismo, foi também levantada a questão de se saber se o pensamento de Marx deveria ser considerado uma ciência e um projeto político, ou apenas como método de análise da história.

Modo de produção

Antes mesmo de aprofundar seu estudo da economia política, Marx desenvolveu uma interpretação da história das sociedades humanas fundamentada na distinção de grandes períodos que chamou de "modos de produção". Esses tipos de modo de produção são: "asiático, antigo, feudal e burguês moderno". O modo de produção burguês é exatamente o modo de produção capitalista. A cada um desses modos, associa-se uma estrutura de classe*. Simplificando, pode-se opor uma classe dominante a uma classe dominada. Do lado dos dominantes, seguindo a ordem da lista acima, encontram-se o déspota asiático e a classe dos nobres (sacerdotes, membros do governo) que o cerca, os mestres, os senhores e os burgueses. Do lado dos dominados, encontram-se os camponeses dirigidos pelos nobres, os escravos, os servos e os proletários. As classes dominantes se apropriam de uma fração do trabalho* (sobretrabalho) das classes dominadas, ou do produto desse trabalho, segundo um processo designado como "exploração" (ver Mais-valia). Essa relação fundamental sempre se complica devido à existência de classes de comerciantes e de artesãos, ou de assalariados, cuja relação com as classes dominantes é mais complexa.

A expressão "modo de produção" remete a essas diversas épocas da história da humanidade, com suas características específicas. A expressão "formação social" é frequentemente utilizada para designar etapas concretas, marcadas por heterogeneidades, especialmente as formas de transição entre os diversos modos de produção.

Em sua obra econômica, especialmente em *O capital*, Marx quer demonstrar a natureza de classe do modo de produção capitalista, que permite situá-lo, como tal, na sequência dos modos precedentes. A apropriação do sobretrabalho ganha a forma de mais-valia. Marx pensa que as contradições* do modo de produção capitalista (especialmente suas crises*) e a constituição da classe dos proletários* como classe revolucionária, da qual o capitalismo é o próprio agente, conduzirão à reversão da dominação burguesa* e à instauração de uma sociedade sem classes. Segundo os termos de Marx, essa transformação dará fim à "pré-história da humanidade", e abrirá uma nova era "socialista", depois "comunista*", quando terá fim a exploração do homem pelo homem.

Esse movimento histórico é interpretado em relação ao desenvolvimento de dois grandes conjuntos de processos que Marx designa como as forças produtivas e as relações de produção. O primeiro agrupa as causas determinantes da capacidade de produzir: os recursos naturais, a técnica e a organização (na empresa, mas também na divisão do trabalho entre empresas). O segundo remete às relações entre os homens, que conferem às classes as suas posições sociais respectivas, como a propriedade dos meios de produção para os capitalistas, e a ausência de tal propriedade para os proletários (que não possuem nada além de sua força de trabalho, que são obrigados a vender aos capitalistas para sobreviver; ver Mais-valia).

Marx não deixou uma formulação sistemática dessa interpretação da história. O que se pode encontrar é uma breve exposição no prefácio da *Crítica da economia política*, publicada em 1859, onde ele resume o seu itinerário intelectual.

Monopólios

Marx não trata muito profundamente dos monopólios, apenas de modo periférico, em referência a situações de controle de recursos naturais. A teoria dos monopólios desenvolveu-se no final do século XIX, particularmente durante a crise estrutural dos anos de 1890 nos Estados Unidos, uma crise de rentabilidade (ver Lucro; Crise), que ocasionou uma crise de concorrência*, levando a acordos entre as empresas (os cartéis e os trustes). A imagem de empresas enormes escapando às regras da concorrência, beneficiando-se mutuamente, constitui tema central nos trabalhos dos economistas marxistas, e argumento de mobilização popular contra o grande capital. O monopólio é um atributo do imperialismo, na interpretação de Lênin.

Os economistas marxistas estadunidenses desenvolveram as teses de "capitalismo monopolista", no final dos anos de 1960, argumentando que essa nova característica do capitalismo adulterava certas leis, como, evidentemente, as da concorrência (a formação dos preços de produção), e mesmo a tendência* à baixa da taxa de lucro. Na França, o mesmo tema persistiu nas teses do "capitalismo monopolista de Estado" (Paul Boccara).

Moral

Em Marx, a moral aparece como uma das formas principais da ideologia*. O proletariado* é privado de tudo e não tem, por conseguinte, interesse particular a legitimar. Não há moral proletária. A moral dos proletários é sempre uma forma de moral burguesa*, por isso o *Manifesto do Partido Comunista* identifica "socialismo moral" e "socialismo burguês" ou "pequeno burguês". Marx considera, além disso, que o proletariado tem uma disposição crítica para com a ideologia burguesa: "As leis, a moral, a religião* são para ele [o proletariado] meros preceitos burgueses, que dissimulam outros tantos interesses burgueses".

Para Marx, a crítica do capitalismo não deve se basear em normas morais universais, mas, pelo contrário, adotar o ponto de vista específico das lutas práticas do proletariado contra a ordem social atual. Contudo, essas lutas não são privadas de qualquer horizonte ético. Assim, em *Salário, preço e lucro* (1865), a luta revolucionária é interpretada como "resistência" contra a "extrema degradação" da existência, e, na *Crítica ao programa de Gotha* (1875), o comunismo é fundado sobre a exigência da satisfação das necessidades de todos.

Três posições em relação à moral desenvolveram-se no marxismo: relativização das questões morais em nome do realismo político (Trotsky); vontade de fundar a crítica do capitalismo sobre princípios morais universais (Eduard Bernstein); e oposição da moral burguesa à moral proletária ou marxista (Roger Garaudy).

Nação

Demasiado otimistas, Marx e Engels acreditam, no *Manifesto do Partido Comunista* (1848), que o desenvolvimento do livre comércio e do mercado mundial suprimiria as "fragmentações nacionais". Durante os anos de 1848-1850, Engels segue uma perigosa inclinação hegeliana, designando certos povos sem Estado — por exemplo, os eslavos do Sul — como "nações sem história". Sem dúvida, os dois pensadores vão apoiar a luta dos poloneses por sua independência, contra a dominação czarista; mais importante que isso, do combate dos irlandeses contra a dominação britânica, vão tirar a lição de que "um povo que oprime outro não pode ser livre". Mas falta-lhes uma reflexão teórica e estratégica sobre a questão nacional.

É o marxista austríaco Otto Bauer que, em sua obra *A questão nacional e a social-democracia* (1907), ensaia pela primeira vez uma abordagem marxista global do fato nacional. Bauer define a nação como o "conjunto de homens unidos numa comunidade de caráter à base de uma comunidade de destinos", e insiste sobre sua dimensão histórica e instável. Para os Estados multinacionais, como o Império Austro-húngaro, o autor proporá a autonomia nacional-cultural dos povos como solução capaz de conservar a configuração estatal unitária. Uma variante dessa alternativa é adotada pelo movimento intitulado União Judaica Trabalhista da Lituânia, Polônia e Rússia, o *Bund*, no Império Czarista.

Stálin, na brochura *A questão nacional e o marxismo* (1913), considera como nações apenas os povos que têm "uma comunidade que compartilhe língua, território, vida econômica e formação psíquica" — aos quais é necessário reconhecer o direito de separação. Lênin, em contrapartida, em seus ensaios sobre a questão nacional dos anos de 1913-1916, evita qualquer definição rígida e cristalizada, para insistir — em debate com Rosa Luxemburgo, defensora de soluções autonomistas — no direito das nações de dispor de si mesmas e, portanto, de dotar-se de um Estado separado: sem o direito de divórcio — observava ele —, nenhuma união pode ser verdadeiramente livre.

Naturalismo

Nos *Manuscritos econômico-filosóficos de 1844*, Marx apresenta o seu próprio ponto de vista filosófico como "humanismo*" e "naturalismo". Afirma que o naturalismo constitui a síntese do materialismo e do idealismo, ou do materialismo* e do espiritualismo, mas o define também como "verdadeiro materialismo".

O naturalismo de Marx propõe-se a destacar a importância do que é preexistente à ordem das produções do espírito humano: por um lado, a *natureza**, da qual os homens são apenas uma produção transformada e, por outro, a *natureza humana*, ou seja, um conjunto de forças genéricas (ver Ser genérico) que os indivíduos tentam desenvolver na história, mas que permanece um prolongamento da atividade da natureza. O humanismo também pode ser definido como "naturalismo plenamente desenvolvido".

Na medida em que os *Manuscritos econômico-filosóficos de 1844* definem o comunismo* como a superação das alienações* e a reapropriação (ver Apropriação), pelos homens, de sua natureza, ele pode igualmente ser apresentado como "a realização da unidade essencial do homem com a natureza, a verdadeira ressurreição da natureza, o naturalismo realizado pelo homem e o humanismo realizado da natureza".

Natureza

Seja nos *Manuscritos econômico-filosóficos de 1844*, em que Marx adota um ponto de vista "naturalista", seja nos textos da maturidade, nos quais ele desenvolve a concepção materialista da história (ver Materialismo; História), Marx destaca sempre a importância da dimensão natural da existência humana e da história. Concebe a natureza como aquilo de onde provêm os homens, a sociedade como algo que está sempre em interação com a natureza (por intermédio do trabalho, considerado o "metabolismo do homem e da natureza"), e a história como processo de transformação constante da natureza.

O capital e a correspondência de Marx provam que, para ele, a imagem da natureza depende fortemente das ciências da natureza de seu tempo. Da química, conserva a ideia de natureza atravessada por forças e oposições dinâmicas. Da biologia, a ideia de organização e a teoria da evolução das espécies. Quanto à agronomia, ela lhe permite esperar que os progressos do conhecimento científico possibilitem compensar a destruição da natureza à qual o capitalismo se entrega.

No marxismo, essas ideias tiveram continuidade em duas principais direções. Por um lado, Engels propôs, em *Dialética da natureza* (1883), uma síntese dialética das ciências da natureza, para fundamentar uma teoria materialista do conhecimento (ver Reflexo) e uma teoria da dialética*. Por outro lado, e mais recentemente, diferentes autores (Walter Benjamin, Theodor Adorno, Ernst Bloch) se interessaram por uma definição do comunismo como "ressurreição da natureza" (*Manuscritos econômico-filosóficos de 1844*) e por outros temas que permitem elaborar o que hoje se chamaria "ecossocialismo*".

Necessidades

Marx, ao mesmo tempo, deu importância filosófica fundamental às necessidades e sublinhou a sua variabilidade histórica. Em Marx, os homens são analisados como um conjunto de necessidades e de forças.

Na juventude, ele definia a natureza humana precisamente como um conjunto de necessidades e forças essenciais. As necessidades essenciais dizem respeito aos "objetos indispensáveis, essenciais, para a ativação e a confirmação das suas forças essenciais" (*Manuscritos econômico-filosóficos de 1844*). Mas Marx propôs igualmente uma análise do condicionamento histórico das necessidades e criticou as necessidades geradas pelo modo* de produção capitalista (como a "necessidade de dinheiro" ou as "necessidades egoístas" das quais falam os *Manuscritos econômico-filosóficos de 1844*). Em *O capital*, destaca, no mesmo sentido, que até as "necessidades ditas necessárias" são de certa maneira "produtos históricos".

Competirá ao marxismo explorar estas duas vias divergentes: ou a defesa filosófica da diferença entre necessidades essenciais e artificiais (Agnes Heller), ou a análise sociológica da construção social das necessidades e de seu papel na adesão à dominação (Herbert Marcuse). Essas duas vias não são totalmente incompatíveis, como se pode ver pela disposição, tanto de Heller como de Marcuse, de conservar a definição de comunismo*, proposta por Marx na *Crítica ao programa de Gotha* (1875), como a ordem social que permitirá a satisfação das necessidades de todos.

Partido

O panfleto redigido conjuntamente por Marx e Engels intitulava-se *Manifesto do Partido Comunista* (1848). Nele o partido é definido como o representante dos interesses históricos do conjunto do proletariado* internacional: visa à conquista do poder político pelo proletariado e à abolição da propriedade burguesa. A Liga dos Comunistas foi uma primeira tentativa de constituir um partido desse tipo (criada como Liga dos Justos em 1836, e assumindo seu nome final em 1847).

A Associação Internacional dos Trabalhadores (AIT), fundada em 1864, com apoio de Marx e Engels, foi uma nova forma de organização, politicamente plural, que excedia os limites nacionais (ver Internacionalismo); uma resolução do Congresso de Haia (1872) da AIT afirmava, sob a influência de Marx: "O proletariado não pode atuar como classe senão se constituindo a si mesmo em partido político distinto, oposto a todos os antigos partidos formados pelas classes proprietárias". Esse princípio valerá também para a II Internacional, fundada em 1889, mas daí em diante se trataria de partidos de massa que se consideravam marxistas.

Uma nova concepção do partido surge com Lênin. Em *Que fazer?* (1903), ele sustenta que os marxistas precisam constituir um partido de vanguarda, capaz de superar o economicismo sindicalista espontâneo da classe operária. Composto essencialmente de revolucionários profissionais, esse partido deveria ser uma organização rigorosamente centralizada. Tais propostas foram criticadas pelo jovem Trotsky e por Rosa Luxemburgo como demasiado centralistas, muito pouco democráticas, e subestimadoras do potencial revolucionário das lutas espontâneas do proletariado. Com a falência dos partidos reunidos na II Internacional, em 1914, o modelo de partido leninista se tornará o paradigma dominante na nova Internacional, a Internacional Comunista, pelo menos em seus primeiros anos, antes da monopolização do poder por Stálin.

Política

Em Marx, a ideia de política está ligada à organização da sociedade pelo Estado*. Sua crítica da política sustenta-se, assim, sempre sobre uma crítica do Estado, e a ideia de "fim da política" está ligada ao projeto que Engels chamará de "extinção" do Estado.

Nos *Anais Franco-Alemães* (1844), Marx destaca os limites da emancipação* política, concebida como emancipação "somente política", ou seja, que não diz respeito ao conjunto dos homens, mas unicamente aos membros do Estado. A crítica da política consiste, portanto, em denunciar a "abstração política" (o caráter abstrato dessa emancipação) e a "ilusão política" (a ilusão, gerada pelo Estado, que faz dessa emancipação a única verdadeira).

Nos textos da maturidade (*A ideologia alemã*, *Miséria da filosofia*, o *Manifesto* e *Crítica ao programa de Gotha*), a crítica da "ilusão política" toma uma nova forma: refere-se à ilusão, produzida pelo Estado, que faz deste último o representante do interesse geral, em vez de instrumento repressivo a serviço da classe dominante. Marx afirma então a existência de uma dupla relação entre política e luta* de classe. Por um lado, a política continua sempre ligada à luta de classes, mesmo quando toma uma forma estatal aparentemente autônoma. Por outro lado, Marx sustenta que "qualquer luta de classes é uma luta política". Portanto, ele não nega a luta política em benefício das lutas sociais. Pelo contrário, julga necessário tomar o poder de Estado para transformá-lo, colocando o poder público a serviço da organização coletiva da sociedade.

A ideia de fim da política designa então, ao mesmo tempo, o desaparecimento da luta de classes e a extinção do Estado enquanto poder público separado.

Prática/*Práxis*

Nas *Teses sobre Feuerbach* (1845), Marx define a prática (*práxis*) como "atividade objetiva" e como "atividade efetiva, sensível". Ressalta a importância da prática tanto para a teoria do conhecimento, como para a teoria social. Por um lado, afirma que a questão da realidade das ideias encontra resposta na prática e, por outro, sustenta que "qualquer vida social é essencialmente prática".

As *Teses sobre Feuerbach*, como *A ideologia alemã* (1846), associam o tema da prática ao da "autotransformação". Na ação social, os homens transformam o mundo externo ao mesmo tempo em que se transformam eles mesmos, e se a prática é sempre condicionada pelas estruturas sociais da dominação capitalista, igualmente tem o poder de modificar essas estruturas pela prática revolucionária.

As *Teses sobre Feuerbach*, que insistem que a filosofia* tem a necessidade de "conceituar a prática", exerceram considerável influência sobre a filosofia marxista e, além disso, sobre a filosofia contemporânea. Mas o desaparecimento aparente do termo "prática" da obra da maturidade de Marx, dando lugar a conceitos como "luta de classes" e "produção", abriu caminho para diferentes atitudes. Certos autores, como Antonio Gramsci, utilizaram a noção de *práxis* para destacar tudo o que, na prática social, fosse irredutível a simples efeitos da produção capitalista ou da luta das classes. Outros autores acusaram a "filosofia da *práxis*" de negligenciar o condicionamento natural e social do agir, ou de subestimar o peso das estruturas sociais (ver Base).

Processo de trabalho

Em *O capital*, Marx define o "processo de trabalho" como um "processo que se passa entre o homem e a natureza, no qual o homem regula e controla seu metabolismo com a natureza pela mediação da sua própria ação", utilizando o poder de seu próprio trabalho e os instrumentos de produção. Distingue "processos de trabalho" e "processos de valorização", designando este último conceito como a atividade produtiva, não mais como transformação de objetos por instrumentos de trabalho, mas como produção de valor e de mais-valia (ver Mercadoria; Mais-valia).

A ideia do trabalho como metabolismo (ou troca orgânica) do homem com a natureza tem origem nos *Manuscritos econômico-filosóficos de 1844*. Nestes, Marx apresenta a natureza* como o "corpo não orgânico do homem". Enquanto o trabalho é interpretado tradicionalmente como fonte de instrumentalização e ruptura com a natureza, o que Marx destaca é continuidade do homem com a natureza: o trabalho é uma atividade natural que, transformando a natureza humana e a natureza exterior, desenvolve as "potencialidades que estão adormecidas" (*O capital*).

Marx é também autor de uma crítica* do trabalho. Os *Manuscritos econômico-filosóficos de 1844* às vezes identificam o trabalho e a "atividade alienada". *A ideologia alemã* (1846) sustenta que o comunismo deve "abolir o trabalho". Os textos da crítica da economia política oscilarão entre um projeto de abolição do trabalho e um projeto de transformação do trabalho em "trabalho emancipado".

No seio do marxismo, duas tendências divergentes vão se contrapor: a primeira tenderá à sobrevalorização do trabalho (embora na *Crítica ao programa de Gotha*, 1875, Marx tenha denunciado a tese de que o trabalho seja fonte de qualquer riqueza), enquanto a segunda manterá o projeto da crítica e da abolição do trabalho.

O trabalho, em relação à teoria do valor (trabalho abstrato, necessário, produtivo...), é definido na entrada "Trabalho".

Produção

Nos *Manuscritos econômico-filosóficos de 1844*, Marx tratava a categoria da produção como a chave da antropologia naturalista*, de acordo com a seguinte formulação: "O homem produz o homem, ele se produz a si mesmo e produz o outro homem". Assim como a atividade produtiva do homem é a realização da produtividade da natureza*, "a chamada história* universal não é outra coisa senão a produção do homem pelo trabalho humano, a manifestação de sua própria natureza para o homem".

A partir de *A ideologia alemã* (1846), o primado da produção perde seu significado antropológico. Nos *Grundrisse* (1857-1858), Marx sustenta que, considerada "em geral", a produção é o "processo* de trabalho" como ato de um "corpo social". E detalha que "a produção em geral é uma abstração", pois o processo de produção é sempre determinado pelo nível de desenvolvimento das forças produtivas e pelas relações sociais próprias a um modo de produção determinado.

O primado da produção ocupa diferentes funções em Marx. Busca colocar em foco o papel determinante da dialética* das forças produtivas e das relações sociais de produção no centro de cada formação social (ver Modo de produção). Tem igualmente uma função crítica*: "O sentido que a produção tem para os ricos aparece de forma clara no sentido que ela tem para os pobres. O seu significado para os de cima se expressa sempre de maneira sutil, disfarçada, ambígua: é a aparência. Para os de baixo, expressa-se de maneira bruta, direta, sincera: é a essência".

Entre os filósofos marxistas, desenvolveu-se um debate quanto a se saber se era necessário defender a originalidade do materialismo* da produção, conforme proposto por Marx; ou, ao contrário, denunciar a redução da vida social unicamente à lógica da produção e subestimar a dimensão comunicacional da interação (ver Comércio entre os homens) e a autonomia relativa da *práxis* (ver Prática).

Progresso

Marx e Engels não escapam sempre à ideologia do progresso, dominante no século XIX. Por exemplo, a posição de Marx em seus artigos de 1853 sobre a colonização inglesa da Índia: apesar de seus crimes e atos bárbaros, essa colonização foi "um instrumento inconsciente da história", que introduziu as forças de produção capitalistas na Índia, provocando uma verdadeira revolução no estado social (estagnado) da Ásia. Uma vez abolida a sociedade burguesa, por uma grande revolução social, "o progresso humano deixará de se assemelhar a este medonho ídolo pagão que só bebe o néctar no crânio dos massacrados". Não estamos longe das "artimanhas da razão", da filosofia hegeliana da história.

Contudo, em *O capital*, a análise das guerras de conquista e da colonização é, principalmente, uma denúncia do caráter desumano e bárbaro do processo sangrento de *acumulação primitiva* do capital, sem nenhuma justificação teleológica. Geralmente, Marx afirma em sua obra-mestra que, no capitalismo, "cada progresso econômico é ao mesmo tempo uma calamidade social".

Observa-se esse tipo de tensão nas diversas correntes do marxismo no século XX. Walter Benjamin é um dos raros marxistas a propor explicitamente, em seu *Livro das passagens* (incompleto, anos de 1930), um "materialismo histórico que tenha anulado em si mesmo a ideia de progresso", opondo-se assim aos "hábitos do pensamento burguês". Influenciados por Benjamin, Theodor Adorno e Max Horkheimer vão também se distanciar, em sua *Dialética do esclarecimento* (1946), de qualquer ideia de progresso humano linear.

Com o aparecimento do ecossocialismo*, outro aspecto da ideologia do progresso, muito presente na tradição marxista, é posto em questão: o desenvolvimento ilimitado, graças ao socialismo, das forças produtivas.

Proletariado

Na Roma Antiga, esse termo designava a classe inferior do povo, por numerosa progenitura (*prole*); a palavra é de uso cor-

100 PALAVRAS DO MARXISMO

rente no século XIX para designar a massa dos trabalhadores assalariados. Para Marx, o proletariado é a classe* dos que vivem unicamente da venda de sua força de trabalho (ver Mais-valia) por um salário*, e que, por conseguinte, está sujeita à exploração pelo capital. A oposição entre burguesia* e proletariado é, de acordo com o *Manifesto do Partido Comunista* (1848), a principal manifestação da luta* de classes na época moderna, ou seja, na sociedade burguesa. "Operários", "trabalhadores" e "proletários" são termos equivalentes, senão idênticos, e encontramos, em Marx ou Engels, às vezes um, às vezes outro desses conceitos. De acordo com o *Manifesto*, após o desenvolvimento da indústria, o proletariado passa a se concentrar em massas consideráveis, sua força e sua consciência de classe crescem; as lutas locais tornam-se nacionais, e o proletariado se organiza em partido político.

Marx e Engels atribuem ao proletariado a missão histórica de reverter o capitalismo, através de uma revolução* social, e substituí-lo por uma sociedade sem classes; a luta das classes do proletariado toma a forma de guerra civil mais ou menos velada "até o ponto em que eclode na revolução aberta, quando o proletariado funda a sua dominação, derrubando a burguesia pela violência".

A questão dos grupos sociais que ocupam posição intermediária sempre foi controversa no marxismo, seja por querer anexá-los às classes capitalistas ou às proletárias, seja por tentar fazer deles uma ou várias classes particulares. De acordo com alguns marxistas — como Nicos Poulantzas —, só o trabalhador produtivo, ou seja, aquele que produz mais-valia para um capitalista, faz parte do proletariado; para outros, como Ernest Mandel, o conjunto daqueles que vendem a sua força de trabalho por um salário constitui o proletariado, incluindo a massa de funcionários da administração e trabalhadores intelectuais.

Reflexo

Ao que parece, a ideia de reflexo não desempenhou papel decisivo em Marx, embora ele tenha definido a ideologia* como um reflexo invertido do mundo real (por analogia aos efeitos de uma *câmara escura*) (*A ideologia alemã*, 1846) e tenha afirmado que, para ele, "a ideia não é outra coisa senão o material transposto e traduzido na cabeça do homem" (*O capital*).

São Engels e Lênin que instituem a categoria de reflexo como princípio da teoria do conhecimento. Considerando que a relação entre o pensamento e o ser constitui o problema fundamental da história da filosofia*, e descrevendo a luta entre as tradições idealista e materialista*, eles apresentaram o pensamento como reflexo da matéria (ou do ser independente do pensamento). A ideia de reflexo serve, ao mesmo tempo, para destacar a dependência do pensamento em relação ao seu condicionamento material, e para descrever o mecanismo pelo qual os processos reais se reproduzem no pensamento.

A teoria do reflexo foi criticada por fazer pressuposições mecanicistas, pelos autores preocupados em reavaliar as mediações entre sujeito e objeto, e o papel da *práxis* (ver Prática) revolucionária (Georg Lukács, Antonio Gramsci). A teoria também foi acusada de subestimar a capacidade crítica e a autonomia do pensamento (Theodor Adorno, Louis Althusser).

Reificação

Nos *Grundrisse* (1857-1858) e em *O capital*, Marx retoma várias vezes a ideia de que o capitalismo tende a transformar o trabalho em coisa, ou a fazê-lo parecer coisa. Este é o processo que se denomina pelo termo "reificação" (*Verdinglichung* ou *Versachlichung*).

Georg Lukács, em *História e consciência de classe* (1923), é quem transforma as observações esparsas de Marx numa verdadeira teoria da reificação. Enquanto Marx tinha analisado principalmente as representações distorcidas do valor como uma relação entre coisas (ver Fetichismo), Lukács procurou mostrar como o capitalismo produz a si mesmo, o outro e o mundo a partir de uma relação reificada. O termo "reificação" veio, assim, enriquecer a crítica marxista do capitalismo de um grande número de temas anticapitalistas: atomização da sociedade, nivelamento pelo mercado, relação instrumental para si, para com o outro e a natureza, submissão do mundo às normas da objetividade científica etc.

O conceito de reificação teve considerável posteridade. Lucien Goldmann tentou fazer dele a chave da filosofia* marxista, Joseph Gabel tentou dar-lhe um alcance psicopatológico, e Theodor Adorno tornou-o um dos operadores de sua fenomenologia da vida danificada e das experiências sociais negativas.

Religião

Tem-se por hábito resumir a concepção marxista da religião na formulação "a religião é o ópio do povo", que aparece no artigo de Marx "Contribuição à crítica da filosofia do direito de Hegel: Introdução" (1844). Contudo, essa expressão irônica não é exatamente de Marx, podendo ser encontrada, antes, em vários autores, entre eles os seus amigos Moses Hess e Henri Heine.

É apenas mais tarde — em especial em *A ideologia alemã* (1846) — que começa o estudo propriamente marxista da religião como *realidade histórica*. O elemento central desse novo método de análise dos fatos religiosos é considerá-los — juntamente ao direito, à moral, à metafísica, às ideias políticas etc. — uma das múltiplas formas da *ideologia**. Como toda ideologia, a religião é um produto histórico, mas pode também ter influência sobre as transformações sociais; dessa forma, em *O capital* e nos *Grundrisse* (1857-1858), encontram-se observações interessantes sobre o papel do protestantismo na origem do capitalismo (ver História).

Engels, ateu convicto como Marx, no entanto, interessa-se pelo estudo dos movimentos religiosos de dimensão protestadora, do ponto de vista da luta* de classes. Seu escrito mais importante nesse terreno é *As guerras camponesas na Alemanha* (1850), dedicado ao levante campesino na Alemanha no início do século XVI e a seu teólogo revolucionário, Thomas Münzer, considerado, na obra, um precursor o comunismo*.

Karl Kautsky dá continuidade aos trabalhos de Engels, num sentido mais reducionista (socioeconômico); Ernst Bloch faz o mesmo, mas insiste, pelo contrário, na autonomia relativa das crenças religiosas e em seu potencial utópico. Contudo, enquanto Bloch denuncia Calvino como sendo o fundador do "capitalismo como religião" ou da "Igreja de Mamon", Antonio Gramsci manifestará grande admiração pela Reforma Protestante, tomando-a como paradigma para a reforma moral e intelectual socialista do futuro.

Renda fundiária

Como enunciado no início do livro III de *O capital*, a teoria da concorrência* de Marx supõe a gravitação dos preços de mercado em torno dos preços de produção, ou seja, preços que asseguram taxas de lucro* iguais nos diferentes ramos. Essa análise abstrai a existência de recursos naturais passíveis de apropriação por parte dos proprietários, como a terra. Marx preenche essa lacuna no final do livro III, com sua teoria da renda fundiária.

O contexto mais simples em que esse mecanismo pode ser apreendido é chamado de "renda diferencial tipo I". Suponhamos a existência de duas terras de fertilidades distintas. As superfícies são as mesmas e os agricultores capitalistas realizam os mesmos investimentos de capital*, digamos que 100 (de uma unidade monetária qualquer). A terra A vai produzir uma colheita de trigo de 100 (de uma unidade de quantidade) vendáveis ao preço unitário do trigo, suponhamos que de 1,2, ou seja, 120. A terra B é mais fértil. Sua colheita vale 140. Compreende-se que a taxa de lucro do agricultor de A é de 20%, e a do agricultor de B, de 40%. Se a taxa de lucro geral (uniforme entre os ramos) na economia é de 20%, o agricultor de A fica satisfeito. O agricultor de B seria um homem muito contente, se fosse o proprietário da sua terra. Mas consideremos aqui o caso geral, em que ele não é. Assim, o proprietário está em condições de exigir um aluguel, a renda. Pode pedir 20 ao agricultor de B, porque até esse montante, o agricultor não é levado a investir seu capital em outro lugar (na agricultura ou em outro ramo, se possível). A renda diferencial provém das diferenças de rentabilidade, que resultam das diferenças de fertilidade. O proprietário da terra "corrige", em benefício próprio, a desigualdade potencial das rentabilidades que resultam das diferenças de fertilidade.

Na renda diferencial tipo II, destinam-se investimentos mais ou menos intensivos a terras que se podem supor idênticas. Por exemplo, o agricultor A investe inicialmente 100, como previamente, o que lhe ocasiona uma colheita de 100 e lhe dá um lucro de 20, se o preço é de 1,20. Mas a demanda de trigo cresce e, com ela, o preço do trigo. As terras disponíveis, tendo em conta a sua fertilidade, não são mais suficientes. O agricultor A investe, então, o dobro, ou seja, 200, em sua terra, por exemplo, em suplementos. Mas os 100 adicionais de capital não aumentam a sua produção mais que 60%. Supondo que a taxa de lucro uniforme nos outros ramos da economia continue sendo 20%, esse agricultor só terá interesse em fazer esse investimento suplementar de 100 se o preço subir a 2. A esse preço, investindo apenas 100, ele venderia a 200, então ganharia 100. Investindo 200, vende a sua produção acrescida de 60%, ou seja, uma venda de 320 (160 × 2), e um lucro total de 120. Seu lucro imputável ao novo investimento de 100 é, por conseguinte, de 20 (120 – 100), ou seja, a taxa de lucro tida como normal. Mas o proprietário da terra é, uma vez mais, suscetível a desempenhar o seu papel de "nivelador" das taxas de lucro, exigindo uma renda de 80, que deixa ao capitalista um lucro de 40, montante do qual qualquer capitalista que tenha investido 200 deve considerar-se satisfeito. O aumento do preço do trigo beneficiou o proprietário de terra.

A renda diferencial é a combinação dos tipos I e II. Globalmente, pode-se afirmar que — numa economia em que a uniformização das taxas de lucro dos capitalistas seria impossível, devido à existência de recursos não renováveis e não apropriáveis por proprietários de terras, cujo gozo permite taxas de lucro superiores — essa uniformização é realizada pela transferência dos excedentes aos proprietários desses recursos.

Marx evoca o fato de uma *renda absoluta*, que significa que o proprietário não dará a sua terra em aluguel, se não puder exigir nenhuma renda.

Reprodução

Marx utiliza o termo "reprodução" em diversos sentidos. Faz-se aqui referência ao conceito de reprodução associado à acumulação* do capital. A acumulação descreve o mecanismo pelo qual uma parte da mais-valia* é destinada ao aumento do capital empreendido. Se tal aumento ocorre, Marx faz referência à "reprodução ampliada" do capital. O caso, que não tem razão específica de prevalecer, no qual essa acumulação é nula, chama-se "reprodução simples". É uma hipótese simplificadora importante, que permite fazer a abstração da acumulação. Diversos problemas podem ser abordados nesse âmbito.

No estudo da reprodução do capital no livro II, são apresentados os "esquemas de reprodução". No contexto mais simples, Marx considera a economia de dois setores, situando a reprodução simples. O primeiro setor, I, produz os insumos, bens necessários para a produção; o segundo, II, os bens de consumo comprados pelos trabalhadores e pelos capitalistas. Supõe-se que as mercadorias* sejam trocadas a preços proporcionais aos seus valores, embora essa hipótese não tenha nenhuma consequência. Todos os rendimentos, valor da força de trabalho e mais-valia, são gastos (não há nem entesouramento, nem investimento, nem crédito). O capital constante é anotado c, o capital variável, v, e a mais-valia, m. Por exemplo, o capital constante utilizado no setor I escreve-se Ic. O valor da produção de cada setor é, portanto, respectivamente:

$$Ic + Iv + Im \text{ e } IIc + IIv + IIm.$$

Marx enfoca relações que descrevem contabilidades nacionais, especialmente a definição da produção total de uma economia. Da hipótese em que todas as produções são vendidas, resultam certas formulações. O setor I produz os fatores de produção, insumos, com os quais abastece a si mesmo. Deve, portanto, encontrar um mercado para uma massa de insumos, da qual o valor é $Iv + Im$. O único cliente é o setor II. Obtém-se, então, a famosa fórmula necessária para o equilíbrio:

$$Ic = IIv + IIm.$$

Vê-se que essa igualdade garante não somente os mercados do setor I, mas também os do setor II, porque, se essa relação prevalece, a produção total desse setor é igual a $Iv + Im + IIv + IIm$, caso seja o rendimento total, por hipótese, igual ao consumo. Marx descreve aqui, com efeito, uma definição da produção que é exatamente a do "produto" (como em "produto nacional") igual ao rendimento total (o "valor agregado"). Nessa análise, ele se insurge injustamente contra Adam Smith, mas provavelmente Marx seja o primeiro a escrever rigorosamente tais fórmulas.

Uma forma mais elaborada dos esquemas distingue três setores, separando a produção dos bens de consumo dos trabalhadores da dos bens ditos "de luxo", consumidos pelos capitalistas. Por último, Marx apresenta a hipótese da reprodução ampliada. Ele não chega a levar a termo a sua análise, muito ambiciosa, que se dirige para a elaboração de um contexto de contabilidade nacional. Mas tenta, especificamente, seguir o curso do dinheiro*, ou seja, os itinerários tomados pelo dinheiro despendido pelos diferentes agentes.

Revolução

Este termo, que designava tradicionalmente o movimento dos astros em torno do seu eixo, define, partir do século XVI, as transformações radicais da ordem social e política e/ou a inversão dos grupos dominantes de uma sociedade. É nesse sentido moderno habitual que Marx e Engels o utilizam, associando-o, contudo, à luta* de classes. Assim, eles falarão de *revolução campesina*, a propósito da "guerra dos camponeses" do século XVI na Alemanha, e *revolução burguesa*, a propósito das grandes revoluções na Inglaterra, no século XVII, e na França, no século XVIII. Finalmente, aparece o conceito de *revolução proletária** — ou *revolução operária* —, que designa a Comuna de Paris (1871) e as futuras transformações socialistas (ver Comunismo). Encontra-se também, especialmente nos escritos de juventude, o termo *revolução comunista**; no *Manifesto do Partido Comunista* (1848), esta é definida como a "ruptura mais radical com as relações tradicionais de propriedade". A revolução proletária ou comunista não pode ser, aos olhos de Marx e de Engels, o feito de uma vanguarda ou de uma elite revolucionária, mas um processo de autoemancipação* revolucionária dos próprios trabalhadores. É em nome da concepção revolucionária da luta de classes que Marx e Engels vão criticar, durante os anos de 1870, o que eles chamam de "oportunismo", ou "cretinismo parlamentar" de certos dirigentes social-democratas alemães (entre os quais, Eduard Bernstein).

Em sua famosa brochura contra Bernstein, *Reforma ou Revolução* (1899), Rosa Luxemburgo afirma que os marxistas não se opõem às reformas, bem pelo contrário: simplesmente pensam que nenhuma acumulação gradual de reformas será capaz de resultar na superação do capitalismo; para isso, será necessário o "golpe de martelo da revolução". A divisão entre "revolucionários" e "reformistas" atravessa toda a história do movimento operário no século XX.

Robinsonada

Na introdução aos *Grundrisse* (1857-1858), Marx ridiculariza a abordagem dos economistas que se dedicam a deduzir leis econômicas a partir do comportamento de indivíduos isolados numa espécie de estado natural (ou de ilha de Robinson Crusoé), e opõe essa abordagem à função crítica*, que pode trabalhar com a ideia de estado natural*, segundo, por exemplo, Rousseau: "O caçador e o pescador isolados, estes exemplares únicos dos quais partem Smith e Ricardo, fazem parte das ficções pobremente imaginadas do século XVIII, destas robinsonadas que, sem querer ofender esses historiadores da civilização, não exprimem de modo algum uma simples reação contra os excessos de refinamento e um regresso ao que se figura muito equivocadamente como estado de natureza".

O termo "robinsonada" expressa uma dupla crítica que o tornou famoso. Por um lado, denuncia a teoria da ação sobre a qual é fundada a economia política clássica: os indivíduos* não são atores racionais isolados uns dos outros, mas seres sempre tomados em relações sociais e condicionados por relações sociais. Por outro lado, visa a desmistificar um tipo de raciocínio ideológico que leva a demonstrar as leis do capitalismo como eternas, já que condizem com a natureza. Em *Miséria da filosofia* (1847), Marx tinha escrito a esse respeito: "Os economistas têm uma maneira singular de proceder. Há para eles apenas duas espécies de instituições, as da arte e as da natureza. As instituições feudais são instituições artificiais, as da burguesia são instituições naturais [...]. Assim houve história*, mas não há mais".

Salário

O salário é o preço de uma mercadoria* específica, a força de trabalho. Como para qualquer outra mercadoria, o comprador compra a força de trabalho para fazer uso dela, neste caso, fazer que trabalhe o trabalhador assalariado. Pode tratar-se de um uso individual, como é o caso de um empregado doméstico; ou pode tratar-se de uso coletivo, como nas administrações públicas. A condição salarial ultrapassa, portanto, o assalariado propriamente capitalista (de empresa), que representa, no entanto, a grande massa nas sociedades capitalistas. Os assalariados de empresa são um grupo maior que o de trabalhadores produtivos empregados (devido à existência de assalariados improdutivos; ver Trabalho). A chave da condição salarial capitalista é que o trabalhador é privado do acesso aos meios de produção que os capitalistas possuem.

Marx nunca foi muito claro no que concerne à sua visão do perfil histórico do poder de compra do salário. Na juventude, aderiu à tese designada pela expressão "lei de bronze dos salários", que emprestava à dinâmica histórica do capitalismo a capacidade de levar o poder de compra dos trabalhadores a uma espécie de mínimo compatível com a produção, ou reprodução, da força de trabalho. Em *O capital*, Marx faz menção a um caráter histórico, relativo, dessas necessidades. Como na análise que faz da determinação histórica da jornada de trabalho (ver Mais-valia), pode-se supor que Marx imputava à correlação de forças entre capitalistas e proletários um impacto potencial considerável sobre o nível histórico do salário. Em seu estudo da *lei da acumulação* capitalista*, destaca, no entanto, a importância do instrumento que a mudança técnica põe nas mãos dos capitalistas para impedir a tendência ao aumento do poder de compra do salário.

Ser genérico

Tal como é empregada por Marx, nos seus textos de juventude, a noção de "gênero" (na acepção da espécie humana) tem origem na crítica dos jovens hegelianos da religião*. David Strauss tinha contraposto o "indivíduo" ao "gênero", sustentando que as perfeições atribuídas a Cristo só podem ser atribuídas à humanidade inteira. Em Ludwig Feuerbach, a noção de gênero define a essência do homem como essência infinita, da qual existe uma ciência. Por gênero, designa estas três potências supremas e supraindividuais: a razão, a vontade e o coração — três potências supremas que os homens são levados a atribuir mais espontaneamente a Deus que a eles mesmos.

Nos *Manuscritos econômico-filosóficos de 1844*, Marx também define o ser genérico como um conjunto de "forças genéricas" e um "ser para si" (ou "consciência dessas forças"). Mas antes de se definir por estas três faculdades do espírito que são a razão, a vontade e o amor, o gênero se definirá por um conjunto de forças sociais que a humanidade precisa "ativar" no processo histórico do trabalho e da interação com a natureza; processo que é igualmente o da alienação* dessas forças e o da reapropriação delas (ver Apropriação).

A partir das *Teses sobre Feuerbach* (1845), Marx tomará consciência de que o papel da história na produção e na transformação dos seres humanos, assim como na tomada de consciência da sua própria humanidade, é incompatível com as conotações essencialistas do conceito de gênero. A sexta tese dirá que Feuerbach faz "abstração do curso da história", e que "a essência humana só pode ser concebida como 'espécie', como generalidade interna, muda, que se limita a unir naturalmente os muitos indivíduos". *A ideologia alemã* (1846) marcará o abandono desse conceito.

Sobredeterminação

Embora Marx tivesse sublinhado que a vida consciente é determinada pela vida material, Engels esclareceu que apenas "em última instância"* o momento determinante na história é "a produção e a reprodução da vida real". No marxismo, a discussão sobre as modalidades da determinação econômica também se apoiou na observação seguinte de *O capital*: "Nem [a Idade Média] podia viver do catolicismo, nem [Atenas] da política. As condições econômicas de então explicam, ao contrário, por que lá o catolicismo e aqui a política desempenhavam papel principal". Essa diferença entre momento determinante e momento dominante aparece novamente em Antonio Gramsci, que distingue, no primeiro dos *Cadernos do cárcere* (1926-1937), o que é "fundamental" e o que é "preponderante".

Louis Althusser esforçou-se em desenvolver esta concepção das relações entre determinação recíproca e predominância, introduzindo os conceitos de "sobredeterminação" e de "contradição sobredeterminada": "Jamais a dialética econômica atua no estado puro [...]. Nem no primeiro, nem no último instante, a hora solitária da 'última instância' não bate jamais". A contradição da base econômica da sociedade é "determinante, mas também determinada num só movimento, sobredeterminado em seu princípio" (*Para Marx*, 1965).

Socialização

No *Manifesto do Partido Comunista* (1848), e no conjunto de sua obra, Marx atribui o caráter historicamente limitado do modo* de produção capitalista (a necessidade da sua superação) a suas contradições*, efeito combinado das crises* e das lutas*. Existe, no entanto, outro tipo de desenvolvimento, em que o capitalismo aparece como uma fase de *preparação* para a sociedade que vai lhe suceder. O capitalismo aumenta a dimensão das unidades de produção (ver Concentração), promove o progresso técnico, difunde a instrução na grande massa da população, executa processos de coordenação através da expansão dos mercados em âmbito nacional e internacional etc. A produção não pode mais ser interpretada como resultado da justaposição das atividades de pequenos produtores independentes, mas como uma grande rede. Ela assume gradualmente caracteres coletivos, "sociais", no sentido em que Marx utiliza este epíteto, ou seja, "da sociedade". Assim, vê-se aparecer, de maneira recorrente, sob sua pluma, o termo que utiliza para designar esta propriedade: "socialização". O modo de produção capitalista é o vetor de tal socialização da produção.

Stalinismo

Do nome de Josef Stálin (1879-1953), líder supremo da União Soviética desde o fim dos anos de 1920 até sua morte. Stálin queria-se um intérprete fiel do leninismo*, mas suas ideias e práticas constituem uma realidade histórica nova. Entre os pontos mais importantes dela: 1) teoria do socialismo num só país: submissão, de fato, do movimento comunista* internacional, ao objetivo de construir o socialismo apenas num país, a URSS; 2) concepção da revolução por etapas nos países coloniais ou semicoloniais, a começar pela China — diante de condições econômicas e sociais que não permitissem a revolução socialista nesses países, deveriam passar primeiro por uma revolução nacional-democrática, impulsionada por uma aliança entre o proletariado*, o campesinato* e a burguesia* nacional; 3) concepção autoritária e monolítica do poder, conduzindo a "expurgos" sangrentos, que conduziram ao extermínio de milhões de oponentes reais ou imaginários, entre os quais a grande maioria dos dirigentes bolcheviques de 1917.

Os partidários de Stálin designavam-se comunistas ou leninistas, e essa terminologia também foi adotada pelos anticomunistas. Salvo exceção — por exemplo, quando Maurice Thorez se proclamava o "primeiro stalinista da França" —, o termo "stalinismo" era utilizado, principalmente, pelos adversários à esquerda de Stálin, começando por Trotsky e seus partidários (ver Trotskismo).

Para estes, o stalinismo — termo que inclui o movimento comunista fiel a Stálin — era o produto de uma deterioração do Estado soviético, e Stálin era o representante brutal de uma casta de burocratas que havia monopolizado o poder político, sacrificando os trabalhadores. Trotsky definiria a URSS stalinista como "Estado operário burocraticamente degenerado", enquanto alguns dos seus discípulos dissidentes falariam de "coletivismo burocrático" (Max Schachtmann), ou "capitalismo de Estado" (Tony Cliff, o grupo "Socialismo ou Barbárie*"), um termo extensamente utilizado pelos marxistas.

Subordinação do trabalho ao capital

Nos manuscritos redigidos no início dos anos de 1860, Marx dá um importante papel à distinção entre a subordinação "formal" e a subordinação "real" do trabalho ao capital. Contrapõe a subordinação (submissão) formal do escravo a seu mestre, baseado na autoridade e na violência direta, à subordinação real do trabalhador ao capitalista (que se agrega à subordinação formal). No modo de produção capitalista, a relação de dominação é incluída nas condições "reais" da produção, como na manufatura e na grande indústria (ver Cooperação).

Tendência

O capital contém uma análise bastante sofisticada de um conjunto de grandes "tendências" da produção capitalista. As variáveis consideradas descrevem as mudanças da técnica e da distribuição: a produtividade do trabalho, a composição* do capital, a taxa da mais-valia* e a taxa de lucro*. A isso, é necessário acrescentar o salário* real ou o poder de compra do salário, embora Marx tenda a tratar de maneira implícita essa variável, entretanto, inevitável. A principal dessas tendências é a da baixa da taxa de lucro.

Essas tendências são consideradas quanto a períodos de vários anos ou décadas, sem que a duração exata desses períodos seja informada. Marx tem claramente em mente a sucessão dos vários ciclos industriais decenais (ver Crise). Pode-se dizer que são análises de "longo prazo" ou de "termo histórico".

A noção de tendência tem, de fato, dois sentidos. Remonta a tais movimentos longos (das linhas de tendência que abstraem flutuações mais curtas), mas também remontam ao fato de as variáveis serem empurradas em certas direções, embora seus movimentos efetivos sejam determinados também por influências contrárias, as "contratendências", que reduzem parcialmente a tendência, ou mesmo a anulam.

De maneira muito sintética, pode-se resumir a análise de Marx da tendência à baixa da taxa de lucro, como segue. Junto da técnica, vem o aumento da produtividade do trabalho e o aumento da composição técnica do capital, que são duas grandes tendências históricas bastante simples de perceber. Estão interligadas, visto que a produtividade do trabalho é aumentada pela mecanização, o aspecto principal do aumento da composição técnica do capital. Ao lado da distribuição, está a hipótese de um poder de compra constante do salário, que implicaria o aumento da taxa da mais-valia* (mais-valia relativa), devido ao efeito do progresso da produtividade do trabalho (na medida em que afeta a produção do que é consumido pelos trabalhadores). Uma hipótese alternativa é a constância da taxa de mais-valia, o que supõe certa "distribuição" dos ganhos de produtividade entre capitalistas e trabalhadores. Mas, *a priori*, todos os outros casos podem ser considerados.

Com base na fórmula da taxa de lucro, e dividindo o numerador e o denominador pelo capital variável, v, obtém-se:

$$taxa\ de\ lucro = m/v\,/\,(c/v + 1)$$

Vê-se que o aumento da taxa de mais-valia, m/v, provoca o aumento da taxa de lucro, enquanto o aumento da composição do capital, c/v, favorece a diminuição. A variação da taxa de lucro dependerá, portanto, das dinâmicas comparativas dessas duas variáveis, sabendo que o movimento da segunda condiciona em parte o da primeira (é difícil fazer aumentar a taxa da mais-valia sem aumentar a composição do capital).

Apreende-se a relação desses mecanismos pela lei da acumulação* capitalista. O aumento da composição do capital tende a recriar o exército industrial de reserva; portanto, a pesar sobre o salário; logo, a traduzir os ganhos de produtividade em aumento da taxa da mais-valia. Mas esse aumento da composição do capital pesa sobre a taxa de lucro, o que mostra, retrospectivamente (no livro III, em relação ao livro II), que o mecanismo da lei da acumulação capitalista joga muito bem a favor dos capitalistas, na medida em que recria o exército industrial de reserva, mas esta não é uma via real para a rentabilidade. O resultado dependerá, na verdade, de um conjunto de circunstâncias. Marx conclui que o modo de produção capitalista tende a entrar em fases em que a baixa da taxa de lucro se manifeste como tal, com consequências graves em termos de acumulação e de crises*. Essa análise é de grande pertinência histórica.

Marx dedica importantes estudos às contratendências dessa lei. A principal contratendência é parte do próprio mecanismo fundamental; trata-se da tendência ao aumento da taxa da mais-valia. Mas ele apresenta outros processos, por exemplo, a generalização das sociedades por ações. Nesse caso, não é que a lei seja, propriamente dita, "contrariada", mas surgem contextos institucionais em que as empresas adaptam-se melhor a taxas de lucro mais reduzidas.

Totalidade

Na introdução aos *Grundrisse* (1857-1858), Marx destacou a necessidade de considerar o consumo, a produção, a distribuição e as trocas como diferentes elementos de uma mesma totalidade: "Há ação recíproca entre os diferentes fatores, é o caso de todo conjunto orgânico". Define também que o método correto consiste em reproduzir, pelo pensamento, o concreto como "uma totalidade rica em determinações e relações" (ver Concreto pensado). Em *O capital*, Marx executará essa orientação metodológica, propondo-se a estudar o "processo global da produção capitalista" e definindo esse processo como "desenvolvimento considerado no conjunto das suas condições reais".

A ideia segundo a qual o marxismo deve sempre considerar as formações sociais (ver Modo de produção) como totalidades foi defendida nas interpretações dialéticas* de Marx (por exemplo, por Georg Lukács). Essa ideia parece retomar a tese hegeliana segundo a qual "a verdade é o todo". E é igualmente pela proximidade a Hegel que foi criticada. Contra o marxismo clássico, Theodor Adorno argumentou que, em formações sociais marcadas pela dominação e pela reificação*, contrariamente ao que afirma Hegel, "o todo é falso". Quanto a Louis Althusser, contrapôs ao modelo hegeliano da "totalidade expressiva" (e, de modo mais geral, à analogia com a "totalidade orgânica"), a ideia de uma totalidade articulada com a dominante (ver Sobredeterminação).

Trabalho

Em sua teoria do valor (ver Mercadoria; Processos de trabalho), Marx define este último como o tempo de trabalho necessário para a produção de uma mercadoria. Só uma categoria específica de trabalho é, no entanto, criadora de valor. Nesse sentido, Marx o chama de "trabalho produtivo". Trata-se de um trabalho de produção, em sentido bastante estrito, de mercadorias, seja dos bens destinados aos mercados, seja de prestação de serviços igualmente vendidos. A produção de um objeto ou serviço por um indivíduo para o seu próprio uso ou de sua família não é um trabalho produtivo, qualquer que seja a sua utilidade. Esse é o caso do trabalho doméstico. Tal trabalho pode contribuir para diminuir o valor da força de trabalho (o seu preço, o salário*), portanto, para aumentar a taxa da mais-valia *, mas não é, entretanto, inventor de valor, porque a sua utilidade não é destinada ao reconhecimento no mercado.

O valor das mercadorias não procede das condições específicas de produção, mas de normas sociais sancionadas pelo mercado. Na definição dessas normas, não são levadas em conta as qualidades específicas de um trabalho concreto, a lavragem ou a fundição de um objeto metálico, dado que tais normas têm por objeto definir equivalências entre esses diversos trabalhos. Marx fala de trabalhos "abstratos". São, além disso, trabalhos "socialmente necessários", o que significa que, mesmo dentro de um tipo de trabalho concreto bem determinado, a habilidade maior ou menor dos trabalhadores, ou o desempenho técnico-organizacional das diversas empresas não são levados em conta, somente as condições médias. Essas condições médias determinam os valores. Se um trabalhador trabalha mais eficazmente que a média, cria mais valor (e vice-versa). As habilidades necessárias (é mais difícil ser relojoeiro que pedreiro), ou os incômodos relativos a trabalhos concretos diferentes, podem ter por consequência a criação de quantidades de valores igualmente distintos para o mesmo tempo de trabalho. Marx refere-se a esses trabalhos como "complexos" ou "simples". O trabalho complexo cria mais valor.

Por trás da definição social dessas normas, sempre paira a ideia do seu reconhecimento nos preços (das mercadorias) ou nos salários (para a mercadoria força de trabalho), que comanda mobilidades, no sentido de que um trabalho não reconhecido no mercado por sua capacidade de criar valor tenderá a ser abandonado, em benefício de outro, pelo duplo jogo das práticas dos capitalistas que se orientam para outras produções, e dos assalariados que se dirigem para outros empregos.

Nas empresas, feita a abstração do trabalho doméstico, portanto, existem trabalhos que Marx qualifica explicitamente como "improdutivos", embora pertençam às práticas fundamentais da produção capitalista. Eles estão relacionados ao que atualmente entende-se por "gestão", embora num sentido muito amplo. Marx os apresenta frequentemente como tarefas que cabem ao capitalista, embora possam ser delegadas a categorias de capitalistas específicos ou de assalariados, sem que isso altere seu caráter improdutivo. Trata-se de conjuntos de *despesas*, que Marx denomina "despesas de circulação", definindo uma primeira categoria. Nela, encontram-se todas as tarefas comerciais, que estão relacionadas às mudanças de formas do valor (ver Capital; Circulação; Formas), mas também trabalhos de contabilidade. Existem igualmente *despesas de produção* requeridas, em especial, pela necessidade da vigilância. Marx situa os trabalhos de "coordenação", como os de um chefe de orquestra, entre os trabalhos produtivos, consciente de que o capitalista pode ser seu agente. Insiste no fato de que o emprego de um trabalhador assalariado para executar esses trabalhos não altera seu caráter produtivo ou improdutivo.

Transformação dos valores em preço de produção

A teoria da concorrência* entre capitais empregados em diferentes ramos leva Marx a substituir a lei de trocas do livro I, segundo a qual os preços das mercadorias* tendem a gravitar em torno dos preços proporcionais aos seus valores, por uma lei da troca das mercadorias capitalistas, segundo a qual os preços tendem a gravitar em redor do *preço de produção*, ou seja, preços que conduzem a média das empresas de cada ramo a uma mesma taxa de lucro* em todos os ramos.

O fato de que as mercadorias capitalistas não sejam trocadas de forma proporcional aos seus valores constituiu um choque para os economistas marxistas a partir da publicação dos diversos livros de *O capital*. Essa "fixação" a preços proporcionais aos valores provém do fato de que a teoria da mais-valia* é exposta por Marx no livro I, supondo que as mercadorias sejam trocadas proporcionalmente aos seus valores. Marx insiste, no livro I, nessa hipótese, argumentando que a lei das trocas não é violada pelos capitalistas (a mais-valia provém do fato de que uma mercadoria, ela própria comprada por seu valor, a força de trabalho, produz valor).

No livro III, Marx está muito compenetrado em mostrar que os preços de produção são formas* do valor, e que os lucros, uniformizados pela concorrência, permanecem formas da mais-valia. A imagem que ele tem em mente é que os novos preços "redistribuem" as horas de trabalho criadoras de valor, como as cartas que são embaralhadas para em seguida serem distribuídas entre diversos jogadores (aqui, diversos ramos). Marx vê aí uma forma de "dedução" dos preços de produção a partir dos valores, o que ele chama de "transformação". Essa dedução é uma derivação lógica. Marx escreve que os preços de produção que não fossem deduzidos do tipo de valor seriam uma "representação sem conceito".

No entanto, Marx apresenta os preços de produção igualmente sob a forma de derivação quantitativa, no sentido em que *calcula* os preços de produção a partir dos valores das diversas mercadorias. Tomemos como exemplo uma economia de dois ramos, onde 100 e 200 de capital são investidos respectivamente (de uma unidade monetária qualquer). No primeiro ramo, os 100 de capital se dividem em 80 de capital constante e 20 de capital variável; e uma taxa de mais-valia de 100% produz 20 de mais-valia. No segundo ramo, os 200 de capital se dividem em 130 de capital constante e 70 de capital variável; e a mesma taxa de mais-valia (o que significa "ao trabalho igual, salário igual") produz 70 de mais-valia. Para preços proporcionais aos valores, as taxas de lucro são, respectivamente, de 20% e 35%. Marx determina os preços de produção embaralhando as cartas da mais-valia, seja redistribuindo um total de 90 proporcionalmente aos capitais, seja redistribuindo em partes de 30 e 60. A taxa de lucro uniforme é de 30%, e os preços de produção do conjunto das mercadorias em cada ramo são de 130 e 260.

Com base em tal cálculo, a mais-valia total é, por construção, igual ao lucro total. Marx proclama que o total dos valores é também igual ao total dos preços de produção, ou seja, 390 no exemplo acima. O problema é que esse cálculo não estima corretamente os preços dos elementos do capital, que devem ser comprados, eles também, a preços proporcionais aos preços de produção. Uma enorme literatura é dedicada ao fato de que, uma vez realizada essa correção, a igualdade entre a soma dos valores e dos preços de produção não se verifica, salvo em exceção fortuita sem pertinência.

A solução desse problema não se encontra numa propriedade específica do formalismo, porque todos os sistemas de preço, não somente os preços de produção, especialmente dos preços que incluem a existência de rendas* fundiárias, devem permitir interpretar os preços como formas do valor, e os lucros (e rendas) como

100 PALAVRAS DO MARXISMO

formas da mais-valia. Trata-se da redefinição dos princípios teóricos fundamentais, cuja interpretação continua sendo controversa.

Trotskismo

Do nome Leon Davidovitch Bronstein, conhecido por Trotsky, revolucionário marxista russo, fundador do Exército Vermelho, exilado da URSS em 1929 e assassinado no México em 1940 por um agente soviético. Organizador, a partir de 1924, da oposição comunista de esquerda contra o stalinismo*, primeiro na URSS e, em seguida, no seio do movimento operário mundial, Trotsky e seus partidários vão fundar a IV Internacional em 1938.

As principais contribuições teóricas de Trotsky para o marxismo são: 1) teoria da revolução permanente, ou seja, a "transição" da revolução democrática à revolução socialista, sob a direção do proletariado*, apoiado pelo campesinato*; formulada inicialmente tendo em vista a futura Revolução Russa (1906), será mais tarde (1930) estendida ao conjunto dos países coloniais e semicoloniais; a revolução teria lugar primeiro nos países da periferia, mas o socialismo não poderia ser construído num só país; 2) análise da URSS, após 1924, como "Estado operário burocraticamente degenerado", onde a ditadura stalinista deveria ser revertida por uma revolução política dos trabalhadores; 3) programa de transição, contendo reivindicações imediatas e concretas, cuja dinâmica leva à confrontação com o próprio sistema capitalista (por exemplo, o controle operário da produção).

O movimento trotskista conhecerá uma série de cisões e permanecerá, na maior parte dos países, uma corrente minoritária do movimento operário. Encontra-se entre os seus militantes ou simpatizantes um elenco de intelectuais e artistas brilhantes, como o escritor Victor Serge, o poeta surrealista André Breton, ou o economista Ernest Mandel. Este último, principal dirigente da IV Internacional a partir dos anos de 1950, renova consideravelmente o *corpus* teórico do trotskismo através de suas análises do capitalismo tardio, bem como por suas reflexões, inspiradas em Rosa Luxemburgo, sobre a democracia socialista.

Última instância

É próprio da concepção materialista da história explicar, empregando os termos do prefácio da *Contribuição à crítica da economia política* (1859), que "o modo de produção da vida material condiciona de modo geral o desenvolvimento da vida social, política e cultural". Mas Engels esclarecerá que a base* econômica não pode ser considerada como "único determinante", e sim como um fator determinante "em última instância" (carta a Joseph Bloch, em 21-22 de setembro de 1890). Na leitura de outra carta de Engels (a Walter Borgius, em 25 de janeiro de 1894), compreende-se que o conceito de "última instância" articula quatro ideias: a) existe uma independência relativa entre as diferentes instâncias de determinada formação social (ver Modo de produção); b) todas elas são capazes de produzir efeitos sobre as outras; c) entretanto, nem todas têm o mesmo peso no jogo de suas ações recíprocas; e d) é a "necessidade econômica que normalmente prevalece em *última instância*".

Utopia

A palavra vem do livro de Thomas More, *Utopia* (1500) — do grego *u-topos*, "em nenhuma parte" —, descrevendo uma ilha imaginária, onde os seres humanos vivem numa sociedade harmoniosa. Na linguagem corrente, utopia designa qualquer projeto imaginário de sociedade ideal.

Um dos capítulos do *Manifesto do Partido Comunista* (1848) é dedicado aos "socialistas e comunistas críticos e utópicos": Saint Simon, Robert Owen e Charles Fourier; Marx e Engels os acusam não por suas "propostas positivas sobre a sociedade futura" — ou seja, por suas utopias —, que abraçam fortemente por conta própria, mas pelo fato de "não perceberem, do lado do proletariado*, nenhuma autoatividade (*Selbstätigkeit*) histórica, nenhum movimento político que lhe seja próprio".

Friedrich Engels retornará a essa questão, na brochura *Do socialismo utópico ao socialismo científico* (1880) — com efeito, uma versão ampliada de três capítulos de seu livro *Anti-Dühring* (1878). O argumento de Engels é muito diferente daquele do *Manifesto*; ele atribui o desenvolvimento das utopias ao fato de o proletariado ser, na época, "completamente incapaz ainda de uma ação política independente". Rendendo entusiasmadas homenagens à "amplitude de vistas geniais" e à "grandeza" dos três principais utopistas, nos quais se encontram "quase todas as ideias não estritamente econômicas dos socialistas posteriores" —, opõe-lhes o socialismo, cuja necessidade é demonstrada "cientificamente" por Marx.

O primeiro marxista a revalorizar o conceito de utopia foi Ernst Bloch, primeiro em sua obra de juventude, *O espírito da utopia* (1918), e, mais tarde, em sua obra mais importante, *O princípio esperança* (1949-1954). Para Bloch, a utopia comunista se verifica desde os profetas bíblicos até o socialismo moderno; o marxismo não é outra coisa senão uma *utopia concreta*.

Glossário

Palavra principal, *Palavras relacionadas*	Página
Abstração, pensamento abstrato, abstrato/concreto, abstrações reais	9
Acumulação, lei da população, lei da acumulação capitalista, exército industrial de reserva, pauperização, acumulação primitiva	10
Alienação, alienação religiosa, pensamento alienado, alienação política, trabalho alienado	12
Anticapitalismo, barbárie, irracionalidade	14
Apropriação, reapropriação, expropriação dos expropriadores	15
Autoemancipação, revolução, democracia, autoeducação	17
Autogestão, produtores associados, controle operário	18
Barbárie, socialismo ou barbárie, barbárie moderna	19
Base, estrutura, superestrutura	20
Bonapartismo, autonomização do Estado, classes dominantes	21

Burguesia, proprietário, capitalista, frações de classe — 22

Campesinato, nações campesinas, comunidade campesina russa — 23

Capital, valorização e circulação, meios de produção — 24

Capital bancário, capital financeiro — 26

Capital fictício — 27

Capital industrial e comercial, capital do comércio de mercadorias e capital do comércio de dinheiro, capital mercantil — 28

Ciência — 30

Circulação do capital, capital-mercadoria, capital-dinheiro e capital produtivo, circuito do capital, capital fixo, capital circulante, rotação do capital, despesas de circulação — 31

Classes e rendimentos, operários, capitalistas e proprietários de terras — 32

Classes sociais, relações sociais de produção, opressores e oprimidos — 33

Comércio (entre os homens), *Verkehr*, troca entre os homens, paradigma da produção — 34

Composição do capital, composição técnica, composição-valor, composição orgânica — 35

Comunismo primitivo, comunidades livres, comunismo Inca — 36

Comunismo, socialismo e social-democracia, movimento real, a cada um conforme suas necessidades — 37

Concentração e centralização do capital — 39

Concorrência e preço, preço de produção, de mercado, gravitação, oferta e procura, monopólio — 39

100 PALAVRAS DO MARXISMO 131

Concreto pensado, conceito, método de abstração 42

Conselhos operários 43

Contradição 44

Contradições do modo de produção capitalista 45

Cooperação, manufatura e grande indústria 46

Crédito, sistema de crédito 47

Crise, ciclo industrial, superprodução, sobreacumulação 48

Crítica, autocrítica, marxismo crítico 50

Dialética, dialética materialista, leis da dialética,
materialismo 51

Dinheiro, moeda, equivalente geral 52

Direito 53

Ditadura do proletariado, transição, Comuna de Paris 54

Economia clássica, economia vulgar, crítica da economia
política 55

Ecossocialismo, comunismo solar, valor de uso 56

Emancipação, emancipação política, emancipação social 57

Esquerda, Revolução Francesa, esquerdismo, esquerda
anticapitalista 58

Estado, corpo parasita, aparelho de Estado burguês 59

Fascismo, ditadura terrorista, grande capital, "populismo" 60

Fetichismo da mercadoria 62

Filosofia, crítica, realização da filosofia, saída da filosofia 63

Formas, formas do valor, formas do capital 64

Guevarismo, guerrilha, revolução socialista 65

Hegemonia, sociedade civil, instituições 66

História 67

Humanismo, humanismo real, homem novo, anti-humanismo 68

Ideologia 70

Imperialismo 71

Indivíduo 72

Internacionalismo, as Internacionais, altermundialismo 73

Juros e capital de empréstimo, capital portador de juros, lucro de empresa, capitalista ativo, capitalista de dinheiro 75

Leninismo, sovietes, marxismo-leninismo 76

Liberdade, opressão, autolibertação, reino da liberdade 77

Lucro, taxa de lucro, lucro de empresa 78

Luta de classes, teoria da História, ruína comum das classes 79

Mais-valia, exploração, força de trabalho, capital constante e variável, taxa da mais-valia, valorização do capital, mais-valia absoluta e relativa 81

Maoismo 83

Marxismo ocidental, pessimismo, análise da cultura 84

Materialismo, materialismo prático, materialismo histórico, dialética materialista, materialismo dialético 85

Mercadoria e valor, valor de uso, valor de troca, lei do valor, lei das trocas 86

Método, método da economia política, método dialético 88

100 PALAVRAS DO MARXISMO

Modo de produção, classes, forças produtivas, relações
de produção, capitalismo, formação social 89

Monopólios, capitalismo monopolista, capital
monopolista do Estado 91

Moral 91

Nação, nações sem história, autonomia nacional, direito
à autodeterminação 92

Naturalismo 93

Natureza 94

Necessidades, necessidades essenciais, necessidades
históricas, satisfação das necessidades 95

Partido, partido de vanguarda, leninismo 96

Política, Estado e política, crítica da política, fim
da política 97

Prática/*Práxis* 98

Processo de trabalho, processo de trabalho e de
valorização, trabalho como metabolismo do homem
e da natureza, crítica do trabalho 99

Produção 100

Progresso, forças produtivas, teleologia 101

Proletariado, trabalhadores assalariados, missão
histórica, trabalhadores intelectuais 102

Reflexo 104

Reificação 104

Religião, ópio do povo 105

Renda fundiária 106

Reprodução, reprodução simples, reprodução ampliada,
esquemas de reprodução 108

Revolução, revolução burguesa, revolução operária,
revolução campesina, reforma e revolução 110

Robinsonada 111

Salário, assalariado, lei de bronze dos salários 112

Ser genérico 113

Sobredeterminação 114

Socialização 115

Stalinismo, socialismo num país só, Estado burocrático 116

Subordinação do trabalho ao capital 117

Tendência, tendência à baixa da taxa de lucro,
contratendências 117

Totalidade 120

Trabalho, trabalho produtivo e improdutivo, trabalho
concreto e abstrato, trabalho simples e complexo 121

Transformação dos valores em preço de produção 123

Trotskismo, IV Internacional, revolução permanente 125

Última instância 126

Utopia, socialismo utópico e científico, utopia concreta 126

LEIA TAMBÉM

▶ **O QUE É O ECOSSOCIALISMO?**

coleção Questões da Nossa Época - volume 54

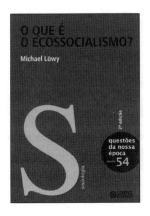

Michael Löwy

2ª edição (2014)

128 páginas

ISBN 978-85-249-2209-1

O manifesto ecossocialista internacional, publicado nos Estados Unidos e na França, e, mais recentemente, o Manifesto ecossocialista brasileiro, são algumas das manifestações de um fenômeno que tem se desenvolvido em vários países. Um fenômeno que é herdeiro de muitos anos de lutas, como, por exemplo, no Brasil, o combate e o sacrifício de Chico Mendes.

LEIA TAMBÉM

▶ **A POLÍTICA EM GYÖRGY LUKÁCS**

coleção Questões da Nossa Época - volume 49

Ranieri Carli

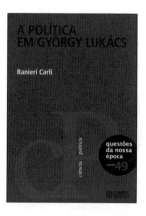

1ª edição (2013)

112 páginas

ISBN 978-85-249-2024-0

    Este livro é uma análise da obra da alta maturidade do filósofo húngaro György Lukács, especialmente no que diz respeito à política. Aqui, indaga-se acerca da peculiaridade da esfera política, definível em face das outras atividades do ser social. Faz-se uso do método exposto por Lukács na *Ontologia do ser social* para investigar a gênese da prática política. *Grosso modo*, a discussão gira em torno da universidade concedida por Lukács a esta esfera de comportamento humano, encontrando-a na totalidade extensiva da história do ser social. Para tal, neste livro vem às linhas uma polêmica entre as ideias defendidas por Lukács em confronto com as de outros filósofos, no que concerne às categorias que perfazem a dialética interna da política.